결정이 두려운 나에게

Anselm Grün, *Was will ich?*
© 2018 Copyright by Vier-Türme-Verlag, Münsterschwarzach, Germany

결정이 두려운 나에게

2013년 9월 27일 교회 인가
2014년 11월 11일 초판 1쇄 펴냄
2021년 10월 18일 개정 초판 1쇄 펴냄
2023년 6월 29일 개정 초판 2쇄 펴냄

지은이 · 안셀름 그륀
옮긴이 · 최용호
펴낸이 · 정순택
펴낸곳 · 가톨릭출판사
편집 겸 인쇄인 · 김대영
편집 · 강서윤, 정주화
디자인 · 홍수미
마케팅 · 황희진, 임찬양

본사 · 서울특별시 중구 중림로 27
등록 · 1958. 1. 16. 제2-314호
전자우편 · edit@catholicbook.kr
전화 · 1544-1886(대표 번호)
지로번호 · 3000997

ISBN 978-89-321-1797-3 03230

값 15,000원

성경 ⓒ 한국천주교중앙협의회

이 책의 한국어 출판권은 (재)천주교서울대교구 가톨릭출판사에 있습니다.
저작권법에 의해 한국 내에서 보호를 받는 저작물이므로 무단 전재와 무단 복제를 금합니다.

가톨릭의 모든 도서와 성물을 '가톨릭출판사 인터넷쇼핑몰'에서 만나 보실 수 있습니다.
http://www.catholicbook.kr | (02) 6365-1888(구입 문의)

나를 성장하게 하는 결정

결정이 두려운 나에게

Was will ich?

안셀름 그륀 지음
최용호 옮김

가톨릭출판사

추천의 말

지금도 무엇인가를
고민하는 분들께

"너희는 무엇을 먹을까, 무엇을 마실까 하고 찾지 마라. 염려하지 마라."(루카 12,29) 예수님은 제자들에게 이렇게 말씀하셨습니다. 그러나 오늘날의 우리는 수많은 고민을 안고 살아갑니다. 아침에 눈을 뜨면 뭘 먹을까, 뭘 입을까 하는 고민에서 시작해서, 학교에서 또 직장에서 해결해야 할 여러 가지 문제들을 만나고, 저녁에는 여가 시간을 어떻게 보낼까 고민합니다. 정말 하루하루가 고민의 연속인 셈이지요.

게다가 이런 일상적인 고민 위에 중대한 고민까지 더해집니다. 진로를 정하고, 이직을 결정하고, 배우자를 선택하고, 거룩한 부르심에 응답하는 등 인생의 커다란 문제들도 결정해야 하는 것이지요. 나이가 들수록, 중요한 위치에 오를수록 결정해야 할 더 많은 문제들을 마주하게 되지만, 갈수록 조언을 구하기도 어려워지고, 문제들이 한꺼번에 닥쳐올 때는 제대로 판단하기도 힘들어집니다. 책임은 점점 무거워져서 결정을 내리기가 더 망설여지지요. 그래서 고민만 하다가 그저 흘러가는 대로 상황에 맡겨 버릴 때도 있습니다. 그러나 이런 일이 반복되면 결정에 임하는 자세가 습관처럼 몸에 배어서 결국 소소한 결정을 내릴 때도 주저하거나, 무작정 결정을 회피하는 등 결정하기 자체를 두려워하게 됩니다.

이처럼 결정이 두려운 이들이 자신을 믿고 결정을 내릴 수 있도록 이끌어 주는 이 책은, 이러한 주제를 신앙생활의 측면에서 아울러 우리 교회에서 처음 다뤘다는 점에서 큰 의의가 있습니다. 특히 특정한 상황에 놓였을 때 결정을 도와주는 기도문들이 실려 있어, 지금도 무언가 고민하는 분들에게 큰 도움이 될 것이라고 생각합니다.

무엇보다 세계적인 영성 심리의 대가 안셀름 그륀 신부님께서는 결정을 내리는 것이 인생에서 어떤 의미를 갖는지, 결정을 통해 자아가 어떻게 변할 수 있는지를 영성 심리의 관점에서 소상히 설명해 줍니다. 나아가 결정에 도움이 되는 요소들을 일러 주어, 결정으로 인한 고뇌에서 벗어나 주도적으로 결정하고, 일단 결정을 내리면 결단력 있게 실행하도록 북돋워 주지요.

자신의 마음에 비추어 하나하나 충실히 결정을 내린 사람에게는 그저 대충 넘기거나 피하려고 했던 사람들과는 다른 내일이 펼쳐질 것입니다. 사실 우리가 내린 수많은 결정 중에 어느 것도 잘못되었거나 허투루 사라지는 것은 없습니다. 어떤 결정이든 우리가 성장하도록 도와주는 소중한 영양분이 될 테니까요. 매일 결정과 마주했을 때 결정을 통해 쌓이는 영양분으로 또 한 뼘 자라난 자신을 만나게 되기를 바랍니다. 또한 이 책을 읽으며 '결정'의 의미를 새롭게 새기고, 자신의 인생을 주도적으로 만들어 갈 기틀을 마련하기를 기원합니다.

천주교 서울대교구 보좌 주교
유경촌 티모테오

· · 머리말 · ·

생명을 선택하십시오

제가 가끔 지도층 인사들이 모이는 세미나에서 강연을 할 때면 세미나 참석자들이 제게 최선의 결정을 내리려면 무엇을 배워야 하느냐고 물을 때가 있습니다. 그들은 무엇인가를 결정해야 하는 상황에 놓일 때가 많은데, 그때마다 큰 부담이 되는 듯했습니다.

어떤 사람들은 좀처럼 결정을 내리지 못해 결정하기까지 많은 시간이 걸립니다. 이들은 언제나 올바른 결정을 내리고 싶은 마음에 끊임없이 망설이고, 무엇이 올바른 결정일지 오랫동안 숙고하지요. 결정하기를 두려워하는 이들은 올바르고 좋은 결과를 가져올 결정을 좀 더 쉽게 내릴 수 있는 구체적인 방법을 찾으려고 합니다. 무엇보다 그들은 어떻게 올바른 결정을 할 수 있는지, 서로 다른 의견이 팽팽히 맞설 때 어떤 결정을 내려야 하는지 묻습니다.

사실 '결정'이란 주제는 직업이나 인생 여정에서 세워야 하는 구체적인 계획들에만 해당하는 것이 아닙니다. 우리가 일상에서 매 순간 어떤 자세를 취할지 결정하는 것도 포함되지요. 우리는 불평이나 분노, 슬픔을 선택할 수도 있고 기쁨이나 평화, 행복을 선택할 수도 있습니다.

오늘날 많은 책들이 마치 우리가 갖고 있는 물건을 다루듯이, 좋은 생각과 감정을 스스로 선택함으로써 우리의 삶을 만들어 갈 수 있다고 말합니다. 하지만 그런 표현은 매우 과장된 것입니다. 정확히 말하자면, 우리에게 닥친 일을 어떤 생각과 감정으로 대처할지 결정하는 것에 대한 책임은 우리 자신에게 있습니다.

우리가 생명을 선택할지 죽음을 선택할지는 우리 손에 달려 있는 것이지요. 하느님도 이스라엘 민족을 생사의 갈림길에 세우신 적이 있습니다. "생명과 죽음, 축복과 저주를 너희 앞에 내놓았다. 너희와 너희 후손이 살려면 생명을 선택해야 한다."(신명 30,19)

생명을 선택하는 일은 매우 중요합니다. 하지만 그 결정은 우리가 평생 단 한 번만 내릴 수 있는 것은 아닙니다. 오히려 일상의 매 순간 생명을 선택하라는 요구를 우리는 받고 있습니다. 종교적으로 표현하자면 매 순간 하느님을 선택하고 하느님의 뜻에 맞는 삶을 살기로 선택한다는 의미이지요.

인생을 살다 보면 결혼이나 직장처럼 큰 결정을 내려야 할 때가 있습니다. 일상에서 내려야 하는 여러 가지 결정들도 있지요. 무엇을 살지, 어디에 갈지, 어떤 일을 먼저 할지 같은 결정들 말입니다. 이처럼 우리는 늘 결정의 갈림길에 서 있고, 아무 생각 없이 결정을 내리기도 합니다. 하지만 자신이 내린 결정을 뒤돌아보고, 작은 결정이든지 큰 결정이든지 자신의 마음과 일치하는 결정을 내릴 수 있다면 더 만족스러운 삶을 살 수 있을 것입니다.

이런 이유로 저는 이 책에서 '결정과 결정 과정'을 주제로 하여 생각한 몇 가지 이야기를 하고자 합니다. 결정을 내리는 일에 어려움을 겪는다고 제게 호소했던 사람들의 이야기와 질문 또한 염두에 두고 이 책을 썼습니다. 제가 다른 사람에게 조언했던 방식처럼 먼저 이 주제와 관련된 질문의 답을 성경에서 찾고, 그다음 영성과 심리학의 측면에서 몇 가지 조언을 하고자 합니다.

아마 여러분 중에는 결정을 내릴 때 하느님과 성령의 도우심을 청하고 싶지만 어떻게 기도해야 할지 막막함을 느끼는 분들도 많을 것입니다. 그런 분들에게 도움이 되기를 바라는 마음으로 이와 관련된 여러 가지 기도문을 이 책의 끝부분에 정리해 놓았습니다.

무엇보다도 여러분이 살아가면서 결정을 내리는 데 도움이 될, 유용하고 구체적인 조언들을 이 책에서 발견할 수 있기를 바라고 또 기대합니다.

차례

추천의 말 　 지금도 무엇인가를 고민하는 분들께 · 5
머리말 　 생명을 선택하십시오 · 8

제1장 　 좋은 몫을 택하십시오 · 15
　　　　　 루카 복음서에 나오는 결정

제2장 　 결정으로 자신을 만들어 가십시오 · 39
　　　　　 결정하는 존재, 인간

제3장 　 모험을 피하는 이는 큰일을 할 수 없습니다 · 51
　　　　　 결정을 방해하는 요소

제4장 　 마음에 들리는 소리를 따르십시오 · 73
　　　　　 결정을 돕는 요소

　　　　　　　 결정을 위한 단계
　　　　　　　 결정과 기도
　　　　　　　 구체적인 훈련 방법

| 제5장 | 결정은 책임의 무게를 지는 것입니다 · 107
| | **결정과 책임**

| 제6장 | 결정에는 자기만의 의식이 필요합니다 · 119
| | **결정과 의식**

| 제7장 | 매 순간마다 다른 선택을 해야 합니다 · 129
| | **여러 가지 결정의 유형**

        인생과 관련된 결정

        부부 사이의 결정

        직장에서의 결정

        일상에서의 결정

        생명과 관련된 결정

        함께 내리는 결정

        양심의 결정

| 맺음말 | **매일 결정해야 하는 우리의 인생** · 189

| 기도문 | 결정을 도와주는 기도 · 195

　　　삶이 무미건조하다고 느껴질 때
　　　자신이 피해자로 느껴질 때
　　　불평하고픈 마음이 들 때
　　　결정한 후 후회나 미련이 생길 때
　　　다른 사람들에게 휘둘린다고 느낄 때
　　　물건을 살 때
　　　누군가를 만날 때
　　　업무상 결정을 내릴 때
　　　갈등이 있을 때
　　　우정을 위한 기도
　　　연인을 위한 기도
　　　부부 사이의 결정을 내려야 할 때
　　　가정에서 결정을 내릴 때
　　　높은 직책을 맡게 되었을 때
　　　모임에서 결정을 내릴 때
　　　양심의 결정을 위한 기도
　　　성소를 결정할 때

참고 문헌 · 230

.....
제1장
.....

좋은 몫을
택하십시오

루카 복음서에 나오는 결정

좋은 몫을 택하십시오

루카 복음서에는 그리스 철학이 바탕에 깔려 있습니다. 특히 '결정'이라는 주제는 그리스 철학에서 다룬 주요 주제들 가운데 하나였지요. 예를 들어 그리스 신화에는 '갈림길에 선 헤라클레스'에 관한 이야기가 나오는데 이 이야기에서 헤라클레스는 쾌락의 길과 덕행의 길 사이에서 선택을 해야 했습니다. 아마 그리스인들은 이 이야기를 통해 사람은 누구나 선택의 갈림길에 설 때가 있음을 말하고자 했을 것입니다.

우리 앞에는 쉬운 길, 즐거운 길도 있지만, 어려운 길, 덕행의 길도 있습니다. 우리가 성공적인 인생을 사는가 그렇지 않은가는 우리 손에 달려 있습니다. 우리는 절망으로 이끄는 길과 참생명으로 이끄는 길 사이에서 선택을 해야 합니다.

그리스인들은 신들의 뜻에 따르는 것이 자신에게 좋은 길이라고 생각했습니다. 그리스의 덕행의 여신은 헤라클레스에게 험난한 삶을 예고하며 말했습니다. "인간이 노동하고 수고하지 않는다면, 신들은 인간이 바라는 좋은 것들을 결코 허락하지 않는다는 것을 명심하여라."

루카 복음사가는 '결정과 선택'에 관한 그리스적 사고를 받아들여, 이를 복음서의 여러 구절에서 주제로 삼았습니다. 다른 복음사가들도 예수님이 사람들을 생명과 죽음 사이에서 그리고 믿음과 불신 사이에서 선택하라고 앞으로 내세우셨다고 전했지요. 하지만 루카 복음서에서는 '결정'이라는 주제가 조금 더 핵심적인 위치에 자리합니다. 따라서 성경에서 유익한 결정을 내리기 위한 해법을 찾기 위해 이 장에서는 루카 복음서를 살펴보고자 합니다.

루카 복음사가는 복음서의 첫 부분에서 이미 천사의 전갈을 받아들이는 두 가지 가능성을 보여 줍니다. 즉 즈카르야처럼 의심할 수도 있고 성모님처럼 신뢰할 수도 있다는 것입니다. 다시 말해 우리는 즈카르야처럼 이성적인 논거들을 내세우며 결정을 피할 수도 있고, 성모님처럼 천사가 불어넣은 내적인 영감을 따를 수도 있습니다.

우리가 성모님처럼 이러한 내적 영감, 곧 하느님이 보내신 전갈에 따르고자 할 때 하느님은 우리 안에 자리하십니다. 그럴 때 우리는 하느님이 우리에게 주신 본연의 순수한 형상을 인식하게 됩니다.

시메온이라는 예언자는 아기 예수님이 사람들을 결정하게 하는 표징이 될 것이라고 예언했습니다. "이 아기는 이스라엘에서 많은 사람을 쓰러지게도 하고 일어나게도 하며, 또 반대를 받는 표징이 되도록 정해졌습니다."(루카 2,34)

우리는 그 결정의 표징이 되시는 예수님을 모호한 태도로 대할 수는 없습니다. 푹신한 의자에 편하게 앉아 그저 감상하는 듯한 태도를 취할 수는 없는 것입니다. 그분은 늘 우리가 결정을 내리기를 요구하시지요. 예수님은 우리가 생각 없이 편안하게 살 것이 아니라 뚜렷한 의식을 지니고 결연한 태도로 살며, 생명과 사랑을 선택하기를 요구하십니다. 이런 맥락에서 본다면, 결정하는 일은 잠들어 있던 내면의 자신을 깨우는 일이라고 할 수 있습니다.

예수님도 자신을 위한 선택을 할 것인지 하느님의 뜻을 따를 것인지 결정하라는 유혹을 사탄에게 받으셨습니다(루카 4,1-13 참조). 예수님과 마찬가지로 우리도 다른 무엇보다 자기 자신을 중심에 두라는 유혹을 끊임없이 받고 있습니다. 그럴 때일수록 우리 그리스도인은 자아가 아니라 하느님을 섬기겠다고 결심해야 합니다.

예수님은 나자렛의 회당에서 하신 첫 설교에서 청중에게 당신이 전하는 복음을 따를 것인지 아니면 거부할 것인지 선택하라고 요구하셨습니다(루카 4,16-30 참조).

처음에는 청중이 예수님께 열광했지만 예수님이 그들에게 선택을 요구하시자 그들의 열광은 적대로 돌변했습니다. 청중은 예수님의 말씀이 옳은 줄은 알았지만, 그것을 실행하기는 싫었던 것이지요. 그래서 선택의 갈림길에 서게 되는 순간 예수님을 피한 것입니다. 우리도 마찬가지로 예수님을 그저 경건하게 묵상할 것이 아니라, 그분을 따를 것인지 아니면 자신의 길을 갈 것인지 선택해야 합니다.

'결정'이라는 주제는 참행복 선언과 불행 선언에서 가장 잘 드러납니다(루카 6,20-26 참조). 마태오 복음사가는 예수님이 행복에 이르는 여덟 가지 길을 제시하심으로써 지혜의 길을 가르치셨다고 했습니다.

하지만 루카 복음사가는 예수님이 지혜를 가르치신 것이 아니라 청중에게 직접 말을 건네신 것으로 묘사했습니다. 루카 복음서에서는 예수님이 "행복하여라, 마음이 가난한 사람들!" 하고 말씀하신 것이 아니라, "행복하여라, 가난한 사람들!"이라고 말씀하셨다고 전합니다. 예수님은 가난한 사람들, 굶주린 사람들, 우는 사람들, 공동체에서 소외된 사람들에게 말을 건네시고, 그들에게 구원을 약속하셨습니다. 그분은 그들에게 "너희 삶이 바뀔 수 있으며, 너희도 행복해질 수 있다. 너희가 자신의 가난과 슬픔, 굶주림을 어떻게 대할지는 너희 각자에게 달려 있다."라고 말씀하신 것이지요. 예수님은 하느님이 소외된 사람들을 돌보시기 때문에, 사람들에게 미움을 받을지라도 하느님을 신뢰하면 참된 행복을 얻게 될 것이라고 용기를 북돋워 주셨습니다.

우리는 루카 복음서에 나오는 참행복을 다른 방식으로 이해할 수도 있습니다. 바로 예수님이 여러 사람들에게 생명을 선택해야 한다고 말씀하신 것과 연결 지어 생각해 볼 수 있는 것이지요. 어떤 상황에 있든지, 그들은 참된 행복을 선택할 수도 있고, 아니면 불행과 고통을 선택할 수도 있습니다.

가난한 사람들은 그들이 가난한 것에 대해 불평과 한탄만을 늘어놓을 수도 있지만, 하느님 나라를 선택하는 결정을 할 수도 있지요. 그 결정은 그들이 가난을 받아들이고, 하느님께 눈길을 돌리는 계기로 삼을 수 있는 것입니다. 하느님이 그들 안에서 다스리실 때 그들의 외적인 가난은 내적인 풍요로 바뀔 수 있게 됩니다.

하지만 아쉽게도 예수님의 이러한 말씀은 오늘날 그리스도교의 여러 집단에서 다른 의미로 사용되고 있습니다. 예를 들어 미국의 일부 성령론자들은 가난한 사람들이 악령의 지배를 받고 있기 때문에 신앙으로 악령을 쫓아내야 한다고 말합니다. 악령을 쫓아내면 가난한 사람들은 많은 돈과 재산을 갖게 된다는 것이지요. 이러한 견해에 따른다면 신앙은 외적인 부를 얻기 위한 수단으로 전락합니다.

예수님의 견해는 이와 다릅니다. 가난한 사람은 외적인 가난에서 벗어나기 어려운 경우가 많지요. 하지만 어려운 현실에도 불구하고 마음을 다해 하느님을 찾겠다고 결심할 수 있습니다. 하느님이 참된 보물이기 때문이지요. 이처럼 하느님이 자신 안에서 다스리실 때 비로소 그는 부자가 됩니다. 그때에는 그에게 얼마나 많은 돈이 있는지가 더 이상 중요하지 않게 되는 것이지요.

예수님은 굶주리는 사람들에게 "너희는 배부르게 될 것이다."(루카 6,21)라고 말씀하셨습니다. 이 말씀은 그저 외적인 배부름을 약속하시는 것이 아니었습니다. 사람은 육체적으로는 굶주릴지라도 영적으로는 배가 부를 수 있기 때문입니다. 오늘날에는 다른 사람들이 자신을 배부르게 해 주기만을 바라는 이들이 많습니다. 그러나 다른 사람들이 주는 것만으로는 결코 내면의 공허감을 채울 수 없습니다.

그래서 예수님은 굶주린 이들에게 진정 배부르게 할 수 있는 것을 찾으라고 말씀하시며, 빵보다 더 배부르게 만드는 하느님의 말씀에 관해 이야기하신 것이지요. 우리가 하느님의 말씀을 마음에 새긴다면 우리의 영혼은 배부르게 될 것입니다. 하느님의 말씀은 우리의 가장 간절한 갈망을 일깨우고 채워 줍니다. 진짜 굶주림은 사랑, 관심, 받아들임, 마음의 평화와 관계가 있기 때문이지요. 예수님의 말씀은 이러한 굶주림을 없애는 것은 빵이 아니라 다른 사람에게 받는 사랑이라는 것을 알려 줍니다.

우는 사람들에 관한 말씀도 이와 비슷합니다. 예수님이 우는 사람들에게 웃게 될 것이라고 하신 말씀은 약속인 동시에 웃으라는 요구이기도 합니다. 우리는 계속 울기만 할 수도 있지만, 울게 만드는 일을 다른 시각으로 바라볼 수도 있지요. 울음은 때때로 자신의 기대가 채워지지 않는 것을 참지 못하겠다는 표현이기도 합니다. 그런 까닭에 예수님은 우는 이들에게 자신의 기준과 기대, 그리고 환상을 되돌아보라고 일깨우십니다.

우리는 누군가가 우리의 마음에 상처를 주려고 해도 마음만 먹으면 상처받지 않을 수 있습니다. 상처 주는 말을 받아들이지 않으면 되기 때문이지요. 이때 우리는 상처 주는 말을 하는 상대방을 보고 웃을 수 있습니다. 상대방을 비웃는 것이 아니라 웃음을 통해 상대방의 상처 주는 행동과 거리를 두는 것이지요.

어떤 상황에서든 우리가 기쁨을 선택할 수 있다는 삶의 지혜는 우리가 살아가면서 꼭 기억해야 할 만한 것이지요. 우리는 부정적인 감정들을 억압하려 하기보다 그것들을 더 큰 맥락에서 올바른 시각으로 바라봐야 합니다.

어떤 사람들은 불평하기를 선택합니다. 그들은 자기 연민에 빠져, 생각이 늘 자기 주변을 맴돌게 되지요. 또 그들은 자신의 불만족스러운 상황을 다른 사람의 탓으로 돌립니다. 예수님은 그들을 바라보시고, 그들이 새로운 길, 기쁨의 길을 선택하기를 바라십니다. 자신에게 상처를 주고 울리는 말에 더 이상 사로잡히지 않고, 우리의 마음으로 되돌아올 때 그곳에서 기쁨의 샘을 발견할 수 있습니다.

자신의 기분이 다른 사람의 손에 좌지우지되지 않도록 하십시오. 자신이 어떤 감정에 영향을 받는다면, 자기 자신에게 그 책임이 있습니다. 이 과정에서 자신은 늘 좋은 기분을 유지해야 한다고 스스로에게 부담을 주거나, 부정적인 감정들이 생기지 않도록 억눌러서는 안 됩니다. 자신의 슬픔과 눈물의 원인을 면밀히 살펴보고, 혹시 철없는 어린아이처럼 자신의 삶에 대해 가졌던 환상에 그 원인이 있는 것은 아닌지 점검해야 합니다.

예수님이 말을 건네시는 네 번째 집단은 다른 사람들에게 미움과 모욕을 받고 공동체에서 소외된 사람들입니다. 그들은 다른 사람들에게 부당한 대우와 멸시를 받았지요. 그런데 예수님은 그런 그들에게 기뻐하라고 말씀하셨습니다.

어쩌면 이러한 예수님의 말씀이 지나친 요구처럼 들리기도 하지요. 그러나 우리는 그들이 다른 사람들에게 받은 멸시를 자기 스스로에게 투사하고 있다는 사실을 깨달아야 합니다. 그래서 예수님은 그들이 그것을 극복하고 하느님께 눈길을 돌리길 바라셨습니다. 우리 삶의 기반은 다른 사람의 인정이 아니라 하느님의 사랑이기 때문이지요. 우리도 다른 사람들의 멸시에 이렇게 대응한다면, 그들의 반응에 휘둘리지 않게 될 것입니다.

다른 사람들에게 멸시와 박해를 받을 때 그에 대처하는 방식도 스스로의 결정에 달려 있습니다. 자신이 부당한 대우를 받았을 때 자기 연민의 반응을 보일 수도 있지만, 그 상황을 내적인 성장을 위한 계기로 삼을 수도 있습니다. 후자의 경우에는 분명한 시각을 얻게 되어, 다른 사람들이 자신에게 어떤 행동을 하는지 당황하지 않고 분명한 시각으로 바라볼 수 있게 됩니다.

예수님은 소외된 이들에게 하늘나라에서 큰 상을 주시겠다고 약속하셨습니다. 이 말씀은 미래를 기약한다는 것처럼 들립니다. 그러나 이 말씀은 우리가 다른 사람들에게 박해받는 그 순간에 이미 우리 안에서 하늘나라를 발견할 수 있음을 의미합니다. 우리는 박해받을 때 자신의 내면에서 피난처를 찾게 되며, 이 피난처에서 하늘나라를 체험합니다. 그리고 그곳에서 자유와 사랑을 느낍니다. 하느님이 그곳에 거처하시기 때문이지요.

예수님은 가난한 사람들, 굶주린 사람들, 우는 사람들, 모욕받는 사람들에게 참된 행복과 기쁨을 선택할 수 있는 방법들을 제시하셨습니다. 예수님은 참행복 선언에 뒤이어 나오는 불행 선언에서 부유한 사람들, 배부른 사람들, 웃는 사람들, 칭찬받는 사람들을 "너희"라고 부르시며 이렇게 경고하시는 것이지요. "너희의 부는 무너질 수 있고, 너희의 웃음은 울음으로, 너희의 배부름은 굶주림으로 바뀔 수 있다. 너무 안심하지 않도록 경계하여라. 너희의 삶은 정반대로 바뀔 수 있다. 너희가 소유한 것들 가운데 어느 것도 믿을 만한 것은 없으며, 너희는 안심할 수 없는 상황이다. 그러므로 생명을 선택하여라."

또 예수님은 부유한 사람들에게 이렇게 경고하십니다. "너희가 오직 재산만을 근거로 자신을 평가한다면 더 이상 다른 위로를 받지 못하며 나중에는 삶을 지탱할 발판도 잃게 된다. 그러므로 너희의 삶을 실제로 지탱해 줄 내적인 부를 선택하여라."

배부른 사람들에게는 이렇게 말씀하고자 하십니다. "너희가 내적인 굶주림을 면하려고 육체적으로 잔뜩 먹고 마신다고 해도 점점 더 굶주리게 될 것이다. 그러니 너희에게 진정으로 양분이 되는 것을 선택하여라. 배부름은 피곤을 느끼게 하고 나태하게 하며 잘못된 삶을 살게 한다는 점을 기억하여라. 생명을 선택하여라. 그렇지 않으면 내적인 공허감이 너희를 무너뜨릴 것이다."

웃는 사람들에게는 이렇게 말씀하시겠지요. "다른 사람들을 보며 웃는 것이 자신을 향한 것이 되지 않도록, 그래서 비웃음을 사지 않도록 조심하여라."

또한 이들의 행동이 사람들에게 어떤 결과를 가져올지 주의를 환기시키셨습니다. 웃는 사람들이 늘 웃게 될 거라는 보장은 없지요. 생명을 선택하지 않는다면 언젠가 그들은 울게 될 것입니다.

예수님은 다른 사람들의 칭찬을 듣기 위해 애쓰는 사람들에게 칭찬이란 매우 쉽게 변하는 것임을 분명히 말씀하셨습니다. 오늘날 우리도 이 사실을 자주 체험하고 있습니다. 대중 매체와 인터넷에서 크게 호평을 받던 사람이 하루아침에 신랄한 비난을 듣는 일은 그다지 드문 일이 아니니까요.

부, 풍요, 인정, 칭찬을 우리 삶의 기반으로 삼는 것은 위험한 일이며, 그중에서 어느 것도 믿을 만한 것은 없습니다. 따라서 우리는 견고한 기반을 선택해야 합니다. 즉, 끊임없이 새로운 생명을 선택해야 하는 것이지요. 생명을 선택하는 사람은 반석 위에 집을 짓는 슬기로운 사람과 같아서 그가 지녔던 환상이 깨진다 해도 그의 집이 무너지는 일은 없을 것입니다. 그의 집은 근본적으로 하느님이라는 견고한 기반 위에 세워졌기 때문이지요. 슬기로운 사람은 예수님의 말씀을 듣고 그냥 넘기지 않으며, 그 말씀에 따라 행동하며 예수님이 말씀하신 대로 살겠다고 결심합니다. 그런 결심은 인생이라는 집을 지을 수 있는 튼튼한 기반을 제공합니다. 그의 집은 위기, 외부의 적대감, 거부, 비난에도 무너지지 않습니다.

루카 복음사가는 참행복 선언과 불행 선언으로 다음과 같이 말하고자 합니다. "여러분은 참된 행복을 누릴 것인지 아니면 자신을 해칠 것인지 결정해야 합니다. 여러분은 가난하든 부유하든 어떤 상태에 있든지 간에 하느님을 선택해야 합니다. 그럴 때에만 성공적인 삶을 살게 되기 때문이지요. 자신에게 재산이 많다거나 자신은 경건하다면서, 그것을 근거로 안심하지 마십시오. 매 순간 하느님을 선택하고, 여러분을 생명으로 이끄는 길을 선택하십시오."

이러한 맥락에서 루카 복음서에 나오는 평지에서 하신 설교의 말씀도 생명을 선택하라는 호소로 이해할 수 있습니다. "내 말을 듣고 있는 너희에게 내가 말한다. 너희는 원수를 사랑하여라. 너희를 미워하는 자들에게 잘해 주고, 너희를 저주하는 자들에게 축복하며, 너희를 학대하는 자들을 위하여 기도하여라."(루카 6,27-28)

적대 관계는 언제나 투사에서 비롯됩니다. 어떤 사람은 스스로 받아들이기 어려운 자신의 모습을 순전히 상대방의 탓으로 돌립니다. 그러면 그의 행동에 어떻게 반응할지 결정하는 것은 오롯이 우리의 몫입니다. 우리는 그를 적으로 생각하고 그의 행동에 맞서 싸울 수도 있고, 그의 행동이 자신의 두려움을 우리에게 투사하는 것임을 간파하고 그와 거리를 둘 수도 있습니다. 어쩌면 그에게서 도움이 필요한 겁먹은 사람의 모습을 발견할 수도 있겠지요.

상대방이 투사하고 있음을 알아챘다면 우리는 적에게서 사랑을 갈망하는 사람의 모습을 발견하는 사랑의 시선을 갖게 될 것입니다. 사랑은 능동적인 반응입니다. 하지만 상대방이 드러낸 적대감에 적대감으로 맞선다면, 우리는 수동적 태도에서 벗어나지 못하고 적이 이끄는 대로 반응하게 됩니다.

예수님은 다른 사람의 적대감에 능동적으로 대처할 수 있는 세 가지 방식을 제시하셨습니다. 이 세 가지 방식 중 어느 하나를 취한다면 우리는 피해자의 역할에서 벗어나 스스로 행동하는 사람이 되고, 그저 수동적으로 휩쓸리던 상황을 능동적으로 바꿀 수 있습니다.

적대감에 대처하는 첫 번째 방식은 우리를 미워하는 사람들에게 선을 행하는 것입니다. 그렇게 함으로써 그들을 변화시킬 수 있지요. 그들이 하듯이 우리도 그들을 악하게 대한다면 그들은 자신의 미움과 악의가 정당하다고 생각할 것입니다. 하지만 우리는 적이나 다른 사람들이 이끄는 대로 행동하는 대신, 선하게 행동할 수 있습니다.

두 번째 방식은 축복하는 것입니다. 우리를 저주하고 말로 상처를 주며 부정적인 말을 쏟아붓는 사람을 축복함으로써 그에게 긍정적인 에너지를 보내는 것이지요. 축복은 저주보다 강하기 때문에 저주의 부정적인 에너지로부터 우리를 지켜 줍니다. 우리는 그에게 축복을 내리면서, 그를 새로운 관점으로 볼 수 있게 됩니다. 따라서 그를 축복하는 것은 우리에게도 유익한 일입니다.

저는 제 강의를 들으러 오는 사람들에게 현재 자기 자신과 어려운 관계에 있는 사람을 축복하도록 연습시킵니다. 어떤 여성은 그 연습을 통해 다른 사람들을 축복할 수 있게 되었으며, 축복이 다른 사람의 부정적인 감정들로부터 자신을 지켜 주는 방패와 같다는 것을 깨달았다고 말했습니다. 그녀는 수동적인 역할에 머무르지 않았고, 축복을 긍정적인 에너지로 느꼈으며, 그 에너지가 다른 사람에게서 흘러들어 오는 부정적인 기운보다 더 강력했다는 말을 덧붙였지요.

세 번째 방식은 자신을 학대하는 사람들을 위해 기도하는 것입니다. 이는 그들을 위해 기도한다는 적극적인 대응을 선택하는 것이지요. 우리는 피해자의 역할에 머무르지 않고 적극적인 태도로 그들에게 주의를 기울이며 기도해야 합니다. 기도하면서 하느님께 조언과 도움을 청하고 그들이 내적인 평화를 얻기를 바라는 것이지요.

또한 기도는 우리의 시각을 변화시킵니다. 우리는 기도할 때 '그들에게 필요한 것은 무엇이고, 그들이 갈망하는 것은 무엇일까?' 하며 그들의 입장에서 생각해 보려고 노력하게 됩니다. 우리는 하느님께 그들이 갈망하는 것을 주시기를, 그래서 그들이 평화롭게 살게 되기를 기도하는 것이지요.

예수님은 우리가 남들이 하는 대로 행동하거나 시류에 따라 살지 말고 자신만의 고유한 길을 걸어가기를 바라십니다. 예수님은 그 점을 "좁은 문"에 비유하여 이렇게 말씀하셨습니다. "너희는 좁은 문으로 들어가도록 힘써라. 내가 너희에게 말한다. 많은 사람이 그곳으로 들어가려고 하겠지만 들어가지 못할 것이다."(루카 13,24)

우리는 좁은 문으로 들어가도록 힘써야 합니다. 그럴 때 우리는 하느님이 우리를 위해 마련하신 조화로운 삶의 길을 걸을 수 있습니다. 이를 위해서 우리는 진정으로 자신의 고유한 삶을 살겠다고 결심해야 하며, 활력 있고 자유로우며 너그럽게 만드는 길이자 다른 사람들을 위한 결실을 맺게 되는 길을 걷겠다고 결심해야 합니다.

자신이 경건한 삶을 살고 있으며 예수님과 함께 먹고 마셨다고 생각하는 사람들에게 예수님은 이렇게 말씀하셨습니다. "모두 내게서 물러가라, 불의를 일삼는 자들아!"(루카 13,27) 하느님이 마련해 주신 자신만의 독특하고 유일한 길을 걷지 않는 사람은 불의를 저지르고 자신의 내적인 본질을 따르지 않는 사람입니다. 교회를 다니는 등 외적으로는 경건한 삶을 살지라도, 근본적으로 예수님을 알지 못하는 사람이지요.

예수님은 '탑에 관한 비유'로 우리가 결정을 어떻게 내려야 하는지 알려 주십니다. "너희 가운데 누가 탑을 세우려고 하면, 공사를 마칠 만한 경비가 있는지 먼저 앉아서 계산해 보지 않느냐? 그러지 않으면 기초만 놓은 채 마치지 못하여, 보는 이마다 그를 비웃기 시작하며, '저 사람은 세우는 일을 시작만 해 놓고 마치지는 못하였군.' 할 것이다."(루카 14,28-30)

탑을 세우려 한다면 먼저 충분한 경비가 있는지 계산해 봐야 합니다. 이런 자세는 어떤 결정을 내리든지 꼭 선행되어야 하지요. 직업을 택할 때는 자신이 그 직업에 필요한 능력을 갖추고 있는지 살펴봐야 합니다. 삶에 관한 결정을 내릴 때는 자신이 그 결정을 통해 행복해질 수 있는지 곰곰이 생각해 봐야 하지요. 자신이 생각하는, 지금 하고 있는 일에 관한 전망이 현실적인지, 아니면 자신을 속이고 환상을 뒤쫓고 있는 것은 아닌지 숙고해야 합니다.

"탑"은 우리의 자화상을 가리키는 표현이기도 한데, 우리는 삶에서 자신의 자화상과 일치하는 결정들을 내려야 합니다. 한 가지 예를 들어 봅시다. 열등감에 시달리던 어떤 부인이 심리 치료를 받았습니다. 심리 치료사는 좀 더 자신감을 가지라고 그녀에게 조언했습니다. 그 말에 용기를 얻은 그녀는 직장에서 일하다가 느닷없이 동료에게 크게 소리쳤습니다. 여러 해 동안 억압해 왔던 공격성을 표출한 것이지요. 그런데 집에 돌아와 홀로 있게 되었을 때 그녀는 어렵사리 세웠던 자존감이 무너지는 것을 느꼈습니다. 그녀는 탑을 높이 세우려고 했지만 그에 필요한 경비가 없었지요. 자신의 자화상과 어울리지 않는 태도를 취했고, 그로 인해 오히려 상처를 받게 되었습니다. 이처럼 우리는 자신의 능력과 한계에 맞는 결정을 내려야 합니다.

탑을 세우는 데 필요한 경비에는 우리가 살아온 삶과 우리가 지닌 능력뿐만 아니라 우리가 얻은 상처들도 포함됩니다. 그 모든 것이 우리가 탑을 세우는 데 쓸 수 있는 자원이지요. 우리는 결정을 통해 자신의 삶에 책임을 집니다. 따라서 갖고 있는 경비가 너무 적다며 불평하기보다 각자에게 주어진 자원으로 자신의 본성에 맞는 탑을 세울 준비를 해야 합니다.

예수님은 슬기로운 결정에 관해 말씀하셨습니다. 슬기로운 결정을 내리는 사람은 환상이라는 모래 위가 아니라, 반석 위에 집을 짓습니다. 또한 영리한 집사는 자신이 처한 상황에서 가장 이득이 될 만한 결정을 내렸는데, 그것은 주인에게 빚진 사람들을 불러 그들 빚의 상당 부분을 탕감해 주는 것이었지요. 그렇게 하여 그는 자신이 해고된 이후에 자신을 돌봐 줄 친구들을 확보한 것입니다. 이는 어려운 상황에서 내린 결정이었는데, 그는 자신의 어려운 현실을 외면하지 않고 자신이 할 수 있는 최선의 선택을 취한 것이지요.(루카 16,1-8 참조).

슬기는 유익한 결정을 내리게 하는 덕목입니다. 올바른 결정을 내리기 위해서는 신앙심만으로는 부족하지요. 토마스 아퀴나스 성인은 슬기가 올바름을 인식하는 일뿐만 아니라 그 인식을 통해 지혜로운 결정을 하는 일에도 관여한다고 했습니다. 그래서 슬기는 뜻밖의 상황을 즉시 파악하고 지혜로운 결정을 내리는 능력이라고 할 수 있지요.

또한 토마스 아퀴나스 성인은 망설임이란 슬기가 부족하다는 증거라고 했습니다. 슬기는 먼저 구체적인 상황을 인식하고 그 인식을 기반으로 행동하게 만들기 때문이지요.

슬기로운 결정을 내리려면 '예견'이 필요합니다. 우리가 오로지 목표를 염두에 두고 생각할 때 우리는 그 상황에 맞는 현명한 결정을 내릴 수 있습니다. 이에 관해 토마스 아퀴나스 성인은 슬기가 진실에 대한 확신을 나타내는 것은 아니기 때문에 결정에 따르는 결과들과 그에 관한 염려를 없애지는 못한다고 강조했습니다. 이는 다시 말하면 확신을 원하는 사람은 결코 결정을 내리지 못한다는 뜻이지요.

토마스 아퀴나스 성인은 슬기는 전략적인 행동에 불과한 교활과는 정반대의 개념이라고 말했습니다. 슬기는 진리에 상응하고 사람을 참된 생명으로 이끄는 길을 선택합니다. 독일의 철학자 요제프 피퍼는 결정을 내릴 때에는 사실이 바탕이 되어야 하며, 결정은 오로지 결정의 기로에 서 있는 사람만이 내릴 수 있다고 말했습니다. 또한 그는 우리가 무엇을 선택하거나 반대하는 데 그치지 않고 그를 통해 스스로의 모습을 결정짓게 된다는 사실도 중요하다고 했습니다. 다시 말해 언제나 능동적으로 무엇인가를 선택하고 거부하는 사람만이 결정의 영향을 받습니다.

성경은 종종 '선택'이라는 개념을 이용하여 결정이 의미하는 바를 표현합니다. 우리는 구약 성경에서 사람이 생명과 죽음 사이의 선택 앞에 놓여 있음을 알 수 있습니다. 시편의 저자도 "성실의 길을 제가 택하고"(시편 119,30)라고 표현했지요.

루카 복음서에서 예수님은 마리아에 관해 이렇게 말씀하셨습니다. "마리아는 좋은 몫을 선택하였다. 그리고 그것을 빼앗기지 않을 것이다."(루카 10,42) 마리아는 예수님의 말씀을 경청하기로 선택했고 시중드는 일을 포기했습니다. 그녀의 언니 마르타는 마리아의 선택에 동의하지 않았지요. 마르타는 마리아가 자신을 도와주기를 바랐습니다. 마르타는 손님이 왔을 때 당연히 해야 하는 역할을 동생이 해 주기를 바란 것이지요. 그럼에도 불구하고 마리아는 다른 선택을 했습니다. 예수님의 말씀을 먼저 듣고자 한 것입니다.

우리도 다른 사람들이 우리에게 기대하는 일을 스스로 해야 한다고 생각하기 때문에, 자신이 하고 싶은 일을 미룰 때가 많습니다. 이처럼 우리는 자신의 마음을 따르기보다 다른 사람들의 기대에 따라 행동하지요. 그렇다고 마리아가 손님 접대를 하지 않은 것은 아닙니다. 단지 그녀는 더욱더 적극적인 일, 즉 손님의 말을 경청하는 일을 선택한 것입니다. 그리하여 예수님은 마리아가 자신을 돕도록 말해 달라는 마르타의 부탁에 이렇게 말씀하셨습니다. "마르타야, 마르타야! 너는 많은 일을 염려하고 걱정하는구나. 그러나 필요한 것은 한 가지뿐이다. 마리아는 좋은 몫을 선택하였다. 그리고 그것을 빼앗기지 않을 것이다."(루카 10,41-42)

우리도 종종 마르타처럼 너무 많은 일에 신경을 쓰고, 그것들을 다 해내겠다며 많은 노력을 기울이지요. 하지만 마리아는 단 한 가지 일, 곧 예수님과 하나 되는 좋은 몫을 선택했습니다. 그리고 그녀는 예수님의 말씀을 경청함으로써 그 말씀과 하나가 될 수 있었습니다.

  우리도 행하는 모든 일 중에서 한 가지만을 선택하여 집중할 줄 알아야 합니다. 그렇게 하는 것이야말로 우리가 자신의 참된 본성과 하나 되고 일치하는 길입니다.

제2장

결정으로
자신을 만들어 가십시오

결정하는 존재, 인간

결정으로 자신을 만들어 가십시오

유럽의 신학은 특히 1960년대에 '결정'이라는 주제에 몰두했습니다. 당시에는 어떻게 하면 각각의 결정을 유익하게 내릴 수 있는지보다 사람의 본성을 탐구하는 데 더 관심이 있었지요. 당시의 신학은, 사람이란 끊임없이 결정하려는 본성에 따라 행동하는 존재라고 말했습니다. 사람은 그저 지루하고 단조로운 삶을 사는 존재가 아닙니다. 단조로운 삶은 오히려 사람의 본성에 어긋나는 것이지요. 따라서 자기 자신과 자신의 본성을 위해 결정을 내려야 합니다. 그렇지 않으면 그는 인간으로서의 삶을 소홀히 하는 것입니다.

그리스의 세계관에서는 개개인의 개성을 중시하지 않았지만,

유다교와 그리스도교의 세계관에서는 각 개인의 유일성과 역사성을 강조했습니다. 사람은 숙고하는 과정에서 결정을 통해 자신의 유일한 역사적인 실존을 이루어 간다는 것입니다. 또 하나의 핵심 개념은 '자유'인데, 사람은 하느님을 따르거나 거스를 자유를 갖고 있으며 자신의 결정을 통해 자기 자신과 자신의 참된 본성을 알게 된다는 것이지요.

이 점에 관해 덴마크의 철학자 쇠렌 키르케고르는 사람이 피할 수 없는 결정 앞에 서 있다고 보았습니다. 사람은 역사 안에서 자신의 모습을 결정하는 동시에 역사도 결정해 나간다는 것이지요. 다시 말해 사람은 자신의 결정을 통해 역사를 이룩해 나갑니다. 사람은 의미 없이 존재하지 않으며, 이를 위해서는 먼저 자신이 원하는 존재가 되어야 하지요. 또한 사람은 자신의 결정들을 통해 자신의 존재를 결정하기도 하는데, 살아가며 내리는 결정들로 자신의 유일한 역사적인 실존을 이루어 가기 때문입니다.

사람은 많은 가능성을 지니고 태어납니다. 그리고 각자가 고유한 방식으로 그 가능성들을 선택하여 자신의 모습을 갖춰 나가야 하는 사명을 갖고 있지요. 그 과정에서 자신이 선택한 결정으로 인해 책임을 지게 되거나 때로는 곤경에 처하기도 합니다. 하지만 이를 통해 예전의 자신과는 작별하고 또 다른 자신만의 고유한 역사를 만들어 가는 것이지요.

현재를 살아가는 많은 이들이 이러한 생각을 불편해합니다. 될 수 있는 대로 모든 가능성을 열어 놓고 싶어 하기 때문이지요. 그러나 스스로 결정하려 하지 않고 자신의 결정을 책임질 준비 또한 되어 있지 않다면, 아직 미성숙한 사람이라고 말할 수밖에 없습니다. 이런 사람은 결코 발전할 수 없지요. 모든 가능성을 열어 놓는 사람은 언젠가 모두 닫힌 문들을 마주하게 될 것입니다. 따라서 어떤 사람이 결정을 잘하느냐에 관한 문제는 자신의 의지력에 관한 문제일 뿐만 아니라 결국은 자기 자신을 어떻게 이해하고 있느냐에 관한 문제이기도 합니다. 어떤 결정을 하고, 그 결정에 책임을 지며, 그를 통해 자신의 역사를 이루어 간다는 것은 사람의 본성에 속한 일이기 때문이지요.

결정을 늘 보류함으로써 자신의 역사를 받아들이지 않는 사람은 성장이 멈추게 됩니다. 결국 그는 아무런 결정도 내리지 못하게 되지요. 토마스 아퀴나스 성인은 그런 태도를 스스로의 가치를 떨어뜨리는 것으로 여겼습니다. 예를 들어 결혼을 한 사람은 자신의 결혼 생활에 책임을 지지요. 수도원에 입회한 사람은 자신을 구속하는 결정을 내린 것에 책임을 질 것입니다. 물론 책임을 지겠다고 약속했지만 그 약속이 깨지는 경우들도 있습니다.

그러나 약속이 파기될 수 있기 때문에 아무런 약속도 하지 않겠다는 태도는 자신의 발전에 아무런 도움이 되지 않지요.

신학에서는 사람의 결정은 어느 것과도 대체할 수 없고 누구도 취소할 수 없는 성향을 갖고 있다고 여깁니다. 그러므로 사람은 자신에게 주어진 시간인 '지금 이 순간'을 기회로 이용해야 합니다. 그렇게 함으로써 흩어진 것들을 모아 온전함을 이루게 됩니다.

사람은 때때로 자신의 결정으로 인한 실수와 실패를 경험하기도 합니다. 또한 하느님이 누구에게나 공평하게 주신 시간이라는 기회를 놓치기도 하지요. 결국 결정을 내리지 못해 자기 자신을 놓친 삶을 사는 사람도 있습니다. 그 이유에 관해 신학자인 요한 밥티스트 메츠는 이렇게 말했습니다. "사람은 계속해서 결정을 미룬 채 삶을 꾸려 나갈 수는 없다. 스스로 결정하는 사람이 있는가 하면, 다른 사람의 결정에 의존하는 사람도 있는데, 후자의 경우에 그 사람은 자신의 가치를 버리는 것이다."

우리의 결정을 돕는 중요한 요소들 가운데 하나는 신앙입니다. 신앙은 하느님을 지향하는 사람의 근본적인 결정이지요. 이러한 결정이 우리가 사는 동안 내리는 모든 결정에 영향을 끼치며, 이러한 결정들을 통해 각자 자신만의 역사를 써 내려갑니다.

저는 결혼을 갈망하는 많은 사람들을 만나 상담을 했습니다. 그런데 정작 그들은 결혼할 만한 상대를 사귀게 되면 두려운 마음이 든다고 했습니다. 그들은 결정을 내리지 못했고, 그저 흘러가는 삶이 그들을 대신해서 결정했지요. 제가 아는 그들 중 대부분이 나이가 든 지금도 여전히 배우자 없이 지냅니다. 그러면서 결혼할 만한 상대를 발견하지 못했다고 한탄하지요. 그러나 사실 그들은 자신의 이상적인 배필로 꼭 맞는 상대를 기다리느라 결혼하지 못했던 것입니다. 자신의 이상에 맞는 사람을 무조건 기다리기만 하면 갈수록 결혼할 확률은 줄어듭니다.

예수회 신학자인 카를 라너는 '결정'이란 주제를 무엇보다 죽음의 관점에서 숙고했습니다. 우리는 끊임없이 결정해야 하는 순간을 맞이합니다. 그런데 문제는 대부분의 경우에 우리가 온전히 자유롭지는 못한 상태에서 결정을 내린다는 것입니다. 우리는 결정을 내릴 때 이제까지의 삶에 너무나 많은 영향을 받습니다. 예를 들어 우리는 예전에 받은 상처로 인해 자발적인 결정을 내릴 때 머뭇거리기도 하지요.

사람이 내리는 마지막 결정은 죽음입니다. 카를 라너는 사람이 죽음의 순간에 다다랐을 때 자신의 삶 전체를 아주 분명하게 결정하게 된다고 보았습니다. 영혼은 육체와 분리되는 순간에 자기 자신을 온전히 다룰 수 있게 됩니다. 그러나 라너는 영혼과 육체의 분리가 육체는 사라지고 영혼은 우주의 귀속에서 벗어나는 방식으로 이뤄진다고 생각하지 않았습니다. 그 대신 그는 죽음으로 인해 영혼과 육체가 분리되어, 새로운 관계를 맺는 것을 뜻한다고 이해했지요.

사람은 영혼과 육체가 분리되는 순간에 하느님을 선택할지 말지를 결정합니다. 그렇다고 해서 우리가 인생에 관한 결정을 죽을 때까지 미뤄야 한다는 것은 아닙니다. 우리가 인생을 살면서 내리는 수많은 결정들이 결국 죽음이라는 결정을 내포하고 있기 때문이지요.

또한 라너는 죽음이란 외부에서 주어지는 사건이라고 보았습니다. 죽음은 질병, 사고 등 생명의 갑작스러운 정지로 인해 우리에게 일어난다는 것이지요. 그러나 우리가 죽음에 대해 볼 수 있는 것은 단지 외형적인 측면에 불과합니다. 우리가 하느님께 나아가 그분의 사랑을 받아들이거나 거부하게 되는 내적인 죽음의 순간을 외부에서 관찰할 수는 없지요. 우리가 살면서 해 왔던 수많은 선택은 죽음의 순간에 최종적인 모습으로 드러납니다. 그런 까닭에 죽음은 우리가 생활 속에서 의식적으로 하느님을 선택할 것을 끊임없이 일깨우며, 그렇게 할 때 죽음의 순간에도 영원히 하느님을 선택하게 될 것이라는 확신을 얻게 합니다.

사람의 유한성을 고려한다면, 우리는 일생 동안 생명을 선택하는 것이나 마찬가지이며, 이 과정을 거친다면, 죽는 순간에도 생명과 하느님을 선택하게 될 것입니다.

체코의 신학자이자 철학자인 토마시 할리크 신부는 사람이 하느님 체험을 바탕으로 결정을 내린다고 생각했습니다. 그는 불타는 떨기나무 속에 나타나신 하느님의 이야기를 이런 맥락에서 해석하여, 하느님이 모세에게 다음과 같이 말씀하셨다고 이해했습니다. "내가 너를 파견하여 네가 '가서 나의 백성을 이끌어 내라.'라는 임무를 수행한다면 나는 너와 함께 있겠다."

할리크는 중세에서 근세로 넘어가는 시기에 살았던 철학자 니콜라우스 쿠사누스처럼 하느님을 가능성으로 이해했습니다. 할리크는 하느님이 우리에게 주신 사명을 우리가 따르는 것에 관해 이렇게 말했습니다. "우리는 그분이 그 사명을 통해 우리와 함께 계실 것을 알게 된다. 하느님은 가능성으로 오시는 분이고, 우리는 당연히 그 가능성을 받아들여야 한다. 하느님이 제시하시는 가능성을 받아들이는 것이 곧 신앙이기 때문이다."

그는 신앙이란 하느님이 제시하시는 가능성들을 받아들이는 것을 의미한다고 보았습니다. 하느님이 우리에게 바라시는 것을 받아들일 때 우리는 하느님의 현존을 체험할 수 있습니다. 그럴 때 우리는 하느님이 우리와 함께 걸으시며, 언제나 실존의 새로운 가능성뿐만 아니라 우리가 함께하는 세상을 위한 새로운 가능성도 열어 주심을 체험할 수 있지요.

우리는 결정함으로써 하느님을 체험합니다. 그런데 종종 이 인과 관계를 뒤바꿔 생각하지요. 그래서 하느님께 올바른 결정을 내릴 수 있게 해 달라고 기도하곤 합니다. 그러나 할리크는 우리가 영혼에서 울려 나오는 소리를 따를 때 하느님의 현존과 그분의 친밀한 도움을 체험하게 된다고 말합니다. 결정 자체가 하느님을 체험할 수 있는 여지를 마련한다는 것이지요.

위의 신학적인 이야기가 어떤 이들에게는 낯설게 느껴질 수 있지만, 그럼에도 저는 그것이 중요한 사실을 나타낸다고 생각합니다.

우리는 자기 자신에 대한 책임이 있으며, 어떤 부분에서는 우리가 내린 결정들을 통해 자신의 모습을 형성해 나갑니다. 우리는 결정을 통해 자기 자신을 책임지게 되는 것이지요. 결정을 내릴 때에는 하느님을 의식하지 못했다 할지라도, 어떤 결정에서든지 결국 하느님을 선택하느냐 거부하느냐가 드러납니다.

우리의 삶은 하느님과 자신의 참된 본성을 선택하는 근본적인 결정들이 쌓여서 만들어집니다. 그러므로 결정에 관한 이야기는 신학의 부수적인 주제가 아니라 핵심 주제이며, 이는 참된 사람이 되는 길에 관한 것입니다. 신학에서 '결정'이라는 주제를 올바르게 숙고한다는 것은 사람에 관해 깊이 성찰하고 하느님에 관한 올바른 생각을 갖는다는 것을 의미합니다.

제3장

모험을 피하는 이는
큰일을 할 수 없습니다

결정을 방해하는 요소

모험을 피하는 이는
큰일을 할 수 없습니다

 저는 결정을 내리기 어려워하는 사람들과 대화할 때마다 그들에게 결정을 방해하는 요소가 무엇인지 늘 묻습니다. 자주 듣는 대답 가운데 하나는 무엇이 옳은지 모르기 때문에 결정하기 어렵다는 것입니다. 그 어려움에는 선택의 폭이 너무 넓어서 그중의 하나를 택하기 힘든 부분도 있을 것이고, 어떤 것을 선택하고 나면 더 좋은 선택을 하지 못했다고 후회하는 상황이 두려울 수도 있을 것입니다. 그들이 갖고 있는 여러 가지 생각이 결정을 내리는 것을 더 어렵게 만드는 것이지요. 이처럼 결정의 과정 뒤에는 숨어 있는 생각들과 관념들이 있습니다. 이를 살펴보는 일도 결정을 내리는 데 중요한 역할을 합니다.

완벽주의가 그런 생각들 가운데 하나입니다. 완벽주의 성향을 갖고 있는 사람들은 자신이 늘 완벽하게 올바른 결정을 내려야 한다고 생각합니다. 그러나 완벽하게 올바른 결정이란 존재하지 않습니다. 모든 결정은 상대성을 지니기 때문이지요. 우리는 자신이 선택한 길에서 어떤 일들을 마주치게 될지 전혀 예측할 수 없습니다. 그러므로 우리는 자신의 삶과 결정들이 지닌 상대성에 만족해야 합니다. 하지만 완벽주의자는 이러한 상대성에 만족하기 어려워합니다.

완벽주의자는 모든 것을 통제하고 싶어 합니다. 그 때문에 결정을 내리면서 주어지는 통제권을 쥐고 싶은 것이지요. 그러나 결정을 내린다는 것은 사실 그의 생각과는 정반대로, 확실성을 포기하고 자신이 쥐고 싶은 것을 놓아주는 것을 의미합니다.

완벽주의자들은 사소한 결정을 내리는 데에도 큰 어려움을 느낍니다. 어떤 여성은 자동차를 사려고 했지만 좀처럼 결정할 수가 없었습니다. 여러 색상의 자동차가 있었지만 어느 하나도 딱히 마음에 들지 않았고 무엇인가 부족하다고 느꼈기 때문이지요. 그녀는 어떤 색을 골라야 할지 일주일 내내 고민하느라 온 힘을 소진했습니다. 그녀가 결정을 내리지 못한 한 가지 이유는 자기의 취향을 정확히 알지 못하는 데 있었습니다. 또 다른 이유는 다른 사람들이 자신이 고른 자동차 색이 별로라고 할까 봐 걱정한 데 있었습니다. 그녀는 다른 사람들의 평가를 지나치게 의식한 나머지, 결국 자신이 어떤 색의 자동차를 원하는지는 전혀 중요하지 않게 된 것이지요. 그녀는 다른 사람들이 대부분 좋다고 하는 색이라면 자신은 어떤 색의 차를 타도 상관없다고 생각했습니다. 이처럼 어떤 사람들은 다른 사람의 시선을 반드시 따라야만 하는 것으로 받아들입니다.

저도 가끔씩 이러한 사람들을 만나고는 합니다. 강의에 온 참가자들을 작은 그룹으로 나누고 주제를 주어 토론하게 할 때가 종종 있는데, 이때 어떤 그룹으로 갈지 쉽게 결정을 내리지 못하는 사람들이 많습니다. 어떤 참가자는 이미 그룹을 선택한 이후에도 계속해서 다른 그룹을 쳐다보기도 하지요. 다른 그룹에서 큰 웃음소리라도 터져 나오면, 과연 자신이 그룹을 제대로 골랐는지 의심을 품기 시작합니다. 다른 그룹이 자신에게 더 어울리고 더 편하지 않았을까 생각하는 것입니다. 그러나 이러한 생각은 자신이 속한 그룹 활동에 집중하는 것을 방해합니다. 그들의 마음이 갈라져 있기 때문에 대화에 제대로 참여할 수 없는 것도 당연하지요. 그들은 자기 그룹에 속한 다른 참가자들에게 집중하지 못하며, 따라서 유익한 대화도 나눌 수 없습니다.

완벽주의는 모든 것을 통제하려는 강박과 관련이 있습니다. 그러나 결정을 내린다는 것은 통제하려는 마음을 포기하고 그 결정에, 궁극적으로는 하느님께 내맡긴다는 의미입니다. 따라서 신뢰하는 마음이 부족하면 결정을 내리기 어렵게 되지요.

우리는 어떤 결정을 내릴 때 지금 내리는 결정으로 인해 벌어질 수 있는 여러 가지 상황을 고려하려고 합니다. 하지만 우리가 얻은 모든 정보를 고려한다 할지라도 지금의 결정이 지속적으로 풍성한 수확을 거두리라고는 전혀 확신할 수 없지요. 결정이 결실을 거둘지에 대한 여부는 우리의 숙고에 달려 있는 것이 아니라 온전히 하느님께 달려 있는 것입니다. 그런 까닭에 하느님을 향한 전적인 신뢰가 필요합니다. 우리는 하느님이 우리의 결정에 강복하시리라는 것과 그 결정이 자신과 이웃을 위한 결실을 맺게 되리라는 믿음을 가져야 합니다.

우리는 결정을 통해 근본적으로 우리 자신을 하느님께 내맡기며 그분이 우리의 결정에서 최선을 이끌어 내실 것을 신뢰해야 합니다. 우리가 선택한 길에는 장애물도 있을 것이고, 때로는 좁은 길도 있을 것입니다. 그럴 때 우리 가운데 많은 이들은 자신의 결정을 의심하게 되겠지요. 그러나 우리는 결정을 의심하기보다 결정을 통해 하느님이 강복하신 길을 가고 있음을 굳게 믿어야 합니다. 우리의 길이 어렵고 힘들게 느껴지는 바로 그때에 하느님이 주신 강복은 우리를 도울 것입니다. 또한 우리는 어려움을 느끼는 과정을 거치며 성숙해질 것입니다.

많은 동화에는 그릇된 길을 택하는 사람에 관한 이야기가 나옵니다. 동화는 그릇된 선택을 한 사람이 어려움을 겪게 되고 그를 통해 그가 성숙해지는 교훈을 보여 주지요. 그림 형제가 펴낸 동화《생명의 물》에서 막내아들은 아버지의 병을 고치기 위해 생명의 물을 찾아 길을 나섭니다. 막내아들은 그 여행에서 자신의 두 형들도 찾고자 했습니다. 한 난쟁이가 그에게 형들은 나쁜 마음을 품고 있으니 그들을 찾지 말라고 조언하지만, 막내는 그들을 계속해서 찾아다닙니다. 그가 마침내 형들을 찾았지만, 생명의 물을 찾은 동생을 시기한 형들은 그 물을 빼앗고 대신 그의 잔에 바닷물을 담습니다. 그의 아버지는 바닷물을 마시고 거의 죽을 뻔하게 되지요. 화가 난 아버지는 사냥꾼에게 막내아들을 죽이라고 명령하지만, 그는 숲속으로 도망쳐 몸을 숨깁니다. 훗날 그는 모든 고난을 이겨 내고 마침내 공주와 결혼합니다. 반면 못된 형들은 슬그머니 도망치지요. 막내아들은 그릇된 결정을 내린 듯 보였지만, 그의 결정은 결국 축복이 되었습니다.

저는 영성 상담을 하면서 종종 이와 비슷한 체험을 합니다. 제게 상담을 받았던 사람 중에 제가 잘못된 선택이라고 생각한 길로 갔지만, 그 길을 통해 성숙해지고 자신의 참된 자아를 발견한 사람이 있었습니다. 모든 결정이 우리를 편한 길로 이끄는 것은 아닙니다. 어떤 길은 우리를 커다란 위험으로 이끌고, 또 어떤 길은 우리를 돌아가게 만들거나 잘못된 곳으로 이끌기도 하지요. 그런데도 모든 결정은 긍정적인 결과를 가져옵니다. 결정을 통해 하느님이 우리를 목적지로 이끄시기 때문입니다. 결국 하느님은 우리를 진실과 행복으로 이끄십니다. 동화에서도 바로 그 점을 우리에게 전하고 있지요.

우리가 결정하는 것을 어렵게 만드는 또 다른 장애물은 모든 가능성을 열어 놓고자 하는 생각입니다. 어떤 길을 선택한다는 것은, 그와 동시에 다른 길은 포기한다는 것을 의미합니다. 또 어떤 문을 연다는 것은 다른 문은 닫는다는 것을 뜻하지요. 그런데 문이 닫히는 것을 두려워하는 사람들이 많습니다. 그러나 모든 문을 열어 놓으면 맞바람을 맞게 되고, 오히려 그런 상황이 되면 한 발자국도 나아가지 못하게 될 것입니다. 열려 있는 문은 언젠가는 닫힐 것이며 결국 모두 닫힌 문만 남게 되겠지요.

언젠가 대입 시험을 준비하던 한 여학생이 어떤 학과를 지원해야 할지 모르겠다고 고민을 털어놓은 적이 있습니다. 그 학생은 모든 과목에서 좋은 성적을 받았기 때문에 의학이나 수학뿐만 아니라 음악이나 체육에 이르기까지 어떤 전공이든 선택할 수 있었지요. 그녀도 모든 전공을 공부하고 싶어 했습니다. 하지만 모든 전공을 선택할 수는 없기에 그녀는 하나를 선택해야 했지요. 만약 그녀가 의학과를 선택한다면 음악과 체육은 취미로 배울 수 있을 것입니다. 그러나 그 과목들에 들이는 노력은 그것들을 전공할 때와는 분명히 다를 것입니다. 만약 그녀가 수학과를 택한다면 그녀의 삶은 의사의 삶과는 확연히 다른 모습을 보이게 되겠지요.

자기 앞에 많은 문이 열려 있는 경우에 그중의 하나를 선택하기란 쉽지 않습니다. 그러나 그곳을 통과하여 자신의 길을 계속 걸어가기 위해서는 하나의 문을 선택해야 합니다. 많은 사람들이 문을 잘못 선택하지 않을까 염려합니다. 바로 그러한 염려가 하느님을 신뢰하는 계기가 되어야 합니다. 우리는 하느님이 우리가 통과해야 할 문을 제시해 주신다는 것을 믿어야 합니다. 하느님은 우리의 감정을 통해 우리에게 말씀하십니다. 따라서 우리는 더 편안하게 느껴지는 쪽을 선택해야 합니다. 그리고 어떤 문으로 들어가든지 앞으로 나아가기 위해서는 그 문을 통과해야 한다는 것을 기억해야 하지요. 그렇게 하지 않는다면 우리는 그

지점에서 한 발자국도 나아가지 못할 것입니다.

우리 인생의 성공은 우리가 음악가나 의사, 수학자나 운동선수가 되는 것에 달려 있는 것이 아닙니다. 직업이 성공적인 인생을 이루도록 도울 수는 있지만, 어떤 직업을 선택하느냐는 부차적인 문제일 뿐이지요. 인생의 궁극적인 성공은 우리가 생명을 선택하느냐에 달려 있기 때문입니다.

앞에서 말했던 여학생의 경우에는 '잘못된 선택을 하지는 않을까?' 하고 염려하는 것도 문제지만, 그보다 더 큰 문제가 있습니다. 그녀는 자신이 져야 할 책임에 두려움을 느끼고 있었지요. 그 학생은 성공적인 인생을 살지 못한다면 그 책임은 자신에게 있다고 생각했고, 더욱이 잘못된 선택을 한다면 결코 자신을 용서할 수 없을 것 같았지요.

이와 관련하여 죄책감에 대해 생각해 봅시다. 우리는 일생 동안 오점 없이 살고자 하고, 아무 죄도 짓지 않기를 원하지요. 그러나 이러한 바람은 사실 우리의 현실과는 맞지 않습니다. 의도하든 의도하지 않든 우리는 살아가는 동안 늘 죄를 짓게 되기 때문입니다.

'악한 집사의 비유'에서 말하고자 하는 것도 바로 이 점입니다. 우리의 의도와는 상관없이 우리는 하느님이 우리에게 맡기신 재산을 낭비하게 됩니다(루카 16,1-8 참조). 우리는 인생의 모든 상황에서 이 비유에 나오는 집사처럼 선택을 해야 합니다. 자신이 죄를 지을 수도 있고 그에 따른 죄책감을 느낄 수도 있다는 사실을 받아들일 때에만 제대로 결정을 내릴 수 있을 것입니다. 그럴 때 우리는 어느 때든 결정을 통해 자신을 하느님께 내보이며, 그분이 우리의 결정을 강복해 주실 것이라고 굳게 믿을 것입니다.

예수님은 우리가 들어가야 할 좁은 문에 관해 말씀하셨지요. 베네딕토 성인은 이 본보기를 자신의 규칙서에 받아들였습니다. 성인은 수도자의 삶을 선택한 사람은 좁은 길을 걷는 사람이라고 말했습니다. 그러나 그 길은 곧 넓어져서 그를 넓은 마음으로 이끌 것입니다.

"구원의 길에서 도피하지 말아라. 그러면 수도 생활과 신앙에 나아감에 따라 마음이 넓어지고 말할 수 없는 사랑의 감미(甘味)로써 하느님의 계명들의 길을 달리게 될 것이니."(《베네딕도 수도 규칙》, 머리말 48-49)

이 글에서 베네딕토 성인은 사랑의 달콤함에 대해 이야기합니다. 생명으로 이끄는 좁은 길을 걷는 사람은 마음이 달콤한 사랑의 맛으로 채워지고, 더 넓어질 것입니다. 좁은 문으로 들어갈 엄두를 내지 못하는 사람은 이처럼 넓은 마음을 결코 가질 수 없겠지요.

　독일의 신비가인 요하네스 타울러는 다른 표상을 이용하여 이 사실을 표현했습니다. 모든 사람은 인생길에서 좁은 구간에 이르게 됩니다. 내적으로 성장하려면 우리는 이 좁은 구간을 지나가야만 합니다. 그러나 오늘날 많은 사람들은 자신의 길이 좁은 구간에 이르게 되면 늘 다른 길로 갈아타려고 하지요. 그들은 마치 슈퍼마켓에서 물건을 고르듯이 영성 상담이나 심리 치료의 여러 가지 방법들을 사용해 봅니다. 이 방법들로도 좁은 길에 이르게 되면 그들은 옆에 있는 길로 갈아타지요. 이처럼 사람들은 결코 좁은 길로 가려 하지 않습니다. 그 구간만 지나면 길이 점점 더 넓어지는 것도 모르고 말이지요.

　저는 영성 상담이나 심리 치료의 방법을 수시로 바꾸는 많은 사람들에게서 이러한 현상을 발견할 수 있었습니다. 그들은 어떤 방법도 오래 사용해 보지 않고, 모든 노력에도 불구하고 결국은 언제나 같은 지점으로 돌아옵니다. 결정은 우리를 언제나 좁은 구간으로 이끌지요. 그러나 좁은 구간을 피하려고 하는 사람은 앞으로 나아갈 수 없으며, 넓은 마음과 자유, 풍성한 결실 또한 결코 누릴 수 없습니다. 그는 늘 자기 주변을 맴돌기만 할 뿐이지요. 따라서 우리는 좁은 구간을 통과하려는 용기를 내야 합니다. 그럴 때에만 성공적인 인생을 살게 될 것입니다.

　어떤 사람들은 오랜 숙고 끝에 마침내 하나의 길을 선택하지만 그로 인해 포기하게 된 다른 가능성들에 대해 미련을 버리지 못합니다. 그들은 다른 길을 선택하는 것이 더 낫지 않았을까 후회하며 끊임없이 뒤돌아보지요. 그러는 동안 그들은 활력을 잃고 자신이 선택한 길을 걷는 데 필요한 힘을 모두 소진합니다.

　하나의 길을 선택한 사람은 그와 동시에 다른 길들을 포기한 것입니다. 그는 다른 길들을 포기했기 때문에 슬퍼할 수 있습니다. 그러나 슬퍼한다는 것은 미련을 두는 것과는 다릅니다. 미련을 둔다는 것은 놓쳐 버린 가능성들에 계속 집착한다는 것을 의미하기 때문에, 미련을 둘 때 우리는 앞으로 나아갈 수 없습니다. 슬퍼한다는 것은 우리가 놓쳐 버린 가능성들을 생각할 때 느껴지는 아픔을 견뎌 내는 것을 의미합니다. 아픔을 견뎌 냄으로써 우리는 마음 깊은 곳에 이르게 되고 그곳에서 하느님이 우리에게 선물하신 재능의 잠재력을 발견하게 됩니다.

　미련을 두는 사람은 자기 마음 깊은 곳에 이르지 못하고 여전히 표면적인 일에만 집착합니다. 슬퍼함으로써 아픔을 견뎌 내고 그 과정을 거친 후, 아픔을 뒤로하게 되는 것과는 다르지요. 아픔을 겪음으로써 우리는 자기 자신의 참된 자아에 이르게 되는

데, 이 과정을 거부하는 사람은 결코 자신의 참된 자아에 이르지 못합니다. 따라서 그는 결코 자신의 중심에 있지 못하고, 늘 표면에만 머무르게 됩니다. 그 표면에서 한탄하고 놓쳐 버린 가능성들을 아쉬워하며 자기 연민에 빠지기 일쑤이지요. 그러나 자기 연민을 통해서는 결코 목적지에 도달할 수 없습니다.

또한 이러한 사람은 잘못된 결정을 내린 책임을 다른 사람의 탓으로 돌리기도 합니다. 그는 부모가 그런 결정을 내리게 만들었다거나 친구가 그 길을 선택하는 것을 막지 않았다며 책임을 전가하지요. 자신이 그런 사실을 몰랐기에 그런 선택을 한 것이라고 말합니다. 그러나 이러한 사람도 미련을 두는 사람들과 마찬가지로 결코 앞으로 나아갈 수 없습니다.

많은 기업에서는 오늘날의 사람들이 결정을 내린 이후에도 그 결정에 의문을 품으며 자신을 질책하는 경향이 있음을 잘 알고 있습니다. 그런 까닭에 몇몇 자동차 회사에서는 비싼 자동차들을 선전하는 것에 그치지 않고 한 발 더 나아갑니다. 자동차 회사에서는 고객이 자동차를 구매한 지 2주 후에 고객에게 편지를 보내 자동차를 구매한 것을 다시 한번 축하하고 구매의 타당성에 관해 또다시 설명합니다. 고객이 비싼 자동차를 산 이후에 갖게 될지도 모를 후회와 의심의 싹을 잘라 버리려는 것이지요.

이처럼 우리는 다른 사람의 편지를 기다릴 것이 아니라 우리가 내린 결정에 대해 스스로 축하해야 합니다. 그렇게 하는 것이 뒤늦게 끊임없이 의심하고 골똘히 생각함으로써 결정을 녹슬게 하는 것보다 더 나은 일입니다.

결정을 가로막는 또 하나의 커다란 장애물은 두려움입니다. 결정과 관련된 두려움은 여러 가지 모습을 띠고 있습니다. 어떤 사람들은 다른 사람들이 비난을 할까 봐 두려워합니다. 그들은 자신이 결정을 내리지 않으면 다른 사람들이 자신을 비난하지 않을 것이라고 생각합니다. 그러면서 아무런 결정도 하지 않으려는 그 행동이 오히려 비난을 자초하는 것을 모릅니다. 최상의 선택이 아닐지라도 아무런 선택을 하지 않는 것보다는 낫다는 것을 알지 못하기 때문이지요. 따지고 보면 아무런 선택을 하지 않는 것도 하나의 선택이라 할 수 있습니다. 국제 축구 심판이었다가 지금은 성공한 사업가로 이름을 알리고 있는 우르스 마이어는 아무런 선택을 하지 않는 것에 대해 이렇게 말했습니다. "아무것도 선택하지 않는 것도 어떤 결과를 가져온다. 우리가 아무것도 선택하지 않는다고 해서 책임을 피해 갈 수는 없다."

우리는 자신의 선택이 비난을 받지는 않을까 하는 두려움으로 인해 안전을 지향하게 되고, 그러한 경향을 반영한 선택을 하게 됩니다. 우르스 마이어는 최근 많은 기업이 광고 하나를 제작하기 위해 다섯 개 이상의 광고 대행사에 의뢰한다고 말했습니다. 기업들은 광고 제안들 중에 더 좋은 것을 가려내느라 많은 시간을 소비합니다. 그러다가 여러 가지 제안들을 하나로 뒤섞어 각각의 제안보다 훨씬 못한 최종안을 낼 때도 자주 있지요. 마이어는 그것이 "안전 지향적 사고가 널리 퍼져 있음을 보여 주는 하나의 사례"라고 말합니다. 또한 그는 "안전 지향적 사고는 선택의 폭이 클수록 무언가를 놓치거나 본래의 목표를 이루지 못할 위험성이 줄어들 것이라는 그릇된 견해에서 비롯된다."라고 주장했습니다. 그리고 결정에 대한 두려움은 때로는 '반사적 결정'의 형태로 나타난다며 이렇게 말했습니다. "앞서 말했던 결정을 내리지 못하는 태도는 공격적으로 결정함으로써 줄일 수 있다. 결정을 내리는 사람은 주도권을 쥐고 있는 것처럼 보이지만, 사실 이러한 결정은 '우리는 어쩔 수 없이 지금 그렇게 합니다.'라고 말하는 것이며, 따라서 절망감의 표현이라 할 수 있다."

결정에 대한 두려움은 때때로 자신의 결정으로 인해 공동체에서 소외되지 않을까 하는 걱정을 나타내기도 합니다. 그것은 곧 고독에 대한 두려움입니다. 결정을 통해 자신을 드러내게 되고 그로 인해 다른 사람들의 공격을 받을지도 모른다고 생각하기 때문이지요. 나중에 자신의 결정이 잘못되었다는 것을 자신보다 다른 사람들이 더 잘 알게 되는 경우가 많은데, 그 점도 두려움이 더욱 커지게 만듭니다.

 이런 이유들로 우리는 아무런 결정도 내리지 않으려 하지만 결정을 하지 않음으로써 결국 모든 일을 망치게 됩니다. 결정하고자 하는 사람에게는 자신감이 필요합니다. 우리는 자신의 가치가 다른 사람들의 평가에 달려 있는 것이 아님을 확신해야 합니다. 결정하겠다고 마음먹은 사람은 설사 많은 이들이 자신을 비판한다 할지라도 결정을 하면서 자존감을 키울 수 있습니다. 많은 이들이 자신을 반대한다 할지라도 결정을 통해 스스로가 자신의 편이 되어 주는 것이니까요.

 영원히 책임져야 한다는 사실이 두려워 결정을 내리지 못하는 사람들도 많습니다. 그런 까닭에 한 사람을 인생의 동반자로 맞이하는 결정이나 직업을 선택하는 결정, 수도자의 삶을 택하는 결정처럼 인생에서 중요한 결정을 내리기 어려워하는 사람들이 갈수록 늘어나고 있습니다. 그들은 일생에 걸친 책임을 지거나 다른 사람에게 묶이게 될까 봐 두려워하지요. 또한 그들은 배우자가 다른 마음을 품을 수도 있기 때문에 평생 한 사람을 인생의 동반자로 삼는 것은 불가능하다고 생각하기도 합니다.

이와 마찬가지로 자신의 일과 관련된 책임을 지는 것을 몹시 부담스러워하는 사람들도 있습니다. 하지만 회사에서 자신의 위치에 필요한 결정을 내려야 할 때가 있습니다. 그럴 때에 자신에 관해 올바르게 숙고해야만 상황에 맞는 결정을 내릴 수 있습니다. 사람이 온전한 자유 의지로 무슨 일인가에 또는 누군가에 대해 책임지는 모습은 사람의 본성에 속하기 때문이지요. 이를 통해 그의 삶은 뚜렷한 형태를 얻게 되며, 이러한 삶의 형태는 그가 내적·외적으로 성장하고 꽃피도록 돕습니다. 나무는 뿌리를 내려야 잘 자랄 수 있습니다. 사람에게는 결정이 바로 자신의 뿌리와도 같습니다. 그래서 무엇인가를 선택하고 결정함으로써 성장하게 되지요. 책임지는 것을 두려워한 나머지 아무런 결정도 하지 않는 사람은 공중에 떠 있는 것과 같습니다. 그는 제대로 뿌리를 내리지 못하기 때문에 그에게서는 아무것도 자라지 않지요.

오늘날에는 결혼을 함으로써 한 사람과 그의 미래를 책임지는 것을 두려워하는 사람이 많습니다. 그들은 친밀한 관계를 맺는 것을 두려워하는 것이지요. 자신이 누군가를 책임진다는 것은 자신의 마음을 그에게 연다는 것, 더 나아가 자신을 그에게 내맡긴다는 것을 의미합니다. 하지만 그것을 두려워하는 사람들도 많습니다. 그들은 다른 사람들이 자신에게 다가오면 재빨리 달

아닙니다. 다른 사람들에게 자신의 약점이 드러날까 봐 두려워하기 때문입니다.

누군가를 책임지는 일은 자신을 받아들여 달라고 상대방에게 진심으로 요구하고 동시에 상대방에게 자신을 내맡길 준비가 되어 있을 때에만 가능합니다. 또한 누군가를 책임지는 일은 상대방과 함께 인생길을 걸으며 서로를 지지하고 격려하며 성장하게 된다는 것을 신뢰할 때 가능해집니다. 우리는 삶에서 갈등이나 다툼도 겪게 될 것을 분명히 인식해야 합니다. 갈등은 우리를 감싸고 있던 껍질을 깨는 데 꼭 필요합니다. 갈등을 통해서 인격적인 만남이 이뤄지고, 자신과 상대방의 진실을 알 수 있기 때문이지요. 그런데 이는 우리가 스스로 완벽해지려는 마음과 상대방도 완벽하기를 바라는 마음을 포기할 때에만 가능한 것입니다.

우리의 결정을 가로막는 두려움은 우리가 갖고 있는 삶에 관한 표상, 그리고 자신의 의지와 관련이 있습니다. 지금까지 갖고 있던 표상들에서 자유롭지 못할 때 우리는 결정을 내릴 엄두를 내지 못합니다. 결정은 자신의 자화상과 자신의 삶에 관한 표상에 의문을 제기하기 때문이지요. 우리는 자신의 자화상에 대해 의심하게 되는 것을 두려워하고 꺼립니다. 오로지 자신과 삶에 대한 표상들을 끊임없이 내려놓고, 결정을 통해 삶에서 맞이하게 될 새로운 것을 받아들일 준비가 되어 있는 사람만이 결정을 내릴 수 있습니다.

저는 아버지의 사랑을 충분히 받지 못하고 자란 자녀의 경험 또한 결정을 가로막는 장애물이 될 수 있다고 생각합니다. 아버지는 자녀들이 용기를 내고 모험을 감행하며 자신의 발전을 가져올 결정들을 내릴 수 있도록 그들을 격려할 책임이 있습니다. 아버지의 사랑을 전혀 받지 못했거나 충분히 받지 못한 사람은 결정을 내리는 데 어려움을 느끼게 됩니다. 아버지의 사랑은 자녀가 실수를 두려워하는 마음을 없애 줍니다. 하지만 아버지의 사랑을 충분히 받지 못했다면, 그 체험은 쉽게 극복하기 어렵고, 이후 자녀가 결정을 내릴 때마다 영향을 미치게 됩니다.

잘못된 결정을 내리지 않을까 늘 걱정하는 사람은 시간이 갈수록 더 결정을 내리지 못하게 됩니다. 그러나 줏대가 약한 사람도 결정을 내릴 수는 있습니다. 그러려면 먼저 자신이 실수할 수 있다는 것을 받아들이고 인정해야 합니다. 또한 자신의 결정들을 통해 스스로 자기 인생을 책임질 수 있도록 하늘에 계신 하느님 아버지가 항상 격려하심을 의식해야 합니다.

스위스의 심리학자인 카를 구스타프 융은 스스로 자기 인생을 책임지고 그를 통해 남들의 비판도 받아들이는 용기를 갖는 것에 관해 이렇게 말했습니다. "인생이라는 실험을 끝까지 수행하는 것은 커다란 모험을 감행하는 것이다. 그런데 이를 마다하는 사람은 중대한 일을 이룰 수 없다."

결정을 내리는 사람은 위험을 무릅쓰고 어려운 일을 꾀하는 사람입니다. 결정을 통해 자신을 사람들에게 드러내기 때문이지요. 그는 자신의 껍질을 깨고 나올 용기가 있는 사람이며, 다른 사람들 앞에 자신의 모습을 드러낼 수 있게 됩니다.

제4장

마음에 들리는 소리를
따르십시오

결정을 돕는 요소

마음에 들리는 소리를 따르십시오

저는 이 장에서 결정을 내리는 데 도움이 되는 요소들을 설명하려 합니다. 여기서 고려해야 할 점은 결정을 쉽게 하는 사람이 있는 반면에 결정을 어려워하는 사람도 있다는 사실입니다. 이러한 차이는 사람마다 기질이 다르고 각자가 느끼는 부담감의 정도가 다른 데서 비롯된 것입니다.

완벽주의자는 모든 일을 쉽게 받아들이는 사람보다 결정을 내리는 일을 어려워합니다. 자라면서 아버지에게 상처를 받은 사람도 결정하는 능력이 떨어지죠. 결정을 내리는 데 다른 사람보다 더 긴 시간이 필요한 사람들은 모든 것을 철저하게 따지려고 하는 사람들입니다. 순전히 이성에 따라서 살려고 하는 사람도 결정을 내리기 전에 오랫동안 숙고합니다. 하나의 선택과 그 반대의 선택을 뒷받침하는 논거들은 이성적인 관점으로만 따져 보면 서로 비슷하기 때문입니다. 따라서 그에게는 더 따져 봐야 할 문제가 늘 새롭게 떠오르곤 합니다. 반면에 직관에 따라 사는 사람은 즉흥적으로 결정을 내리는 경우가 많습니다.

  우리는 각자가 타고난 기질을 바꿀 수는 없지만, 자신의 본래 성격과 품성을 잘 다루게 될 수는 있습니다. 따라서 우리가 노력한다면 타고난 기질과는 상관없이 더욱 유익하고 분명하며 신속하게 결정하는 방법을 배울 수 있습니다.

결정을 위한 단계

  유익한 결정을 내리기 위해서는 몇 가지 단계를 거쳐야 합니다. 첫째로, 자신의 생각을 점검해야 합니다. 자신이 올바른 결정을 내려야 한다는 생각에서 출발하고 있는 것은 아닌지 점검하고, 만약 그렇다면 그러한 이상적인 생각을 떨쳐 버려야 합니다. 전적으로 올바른 결정이란 없기 때문이지요. 그보다는 슬기로운 결정을 내려야 합니다. 슬기는 좋은 결정을 내릴 수 있게 도와주며 사물을 있는 그대로 보게 합니다. 사물을 있는 그대로 볼 때

비로소 올바른 결정을 내릴 수 있습니다. 그런 까닭에 독일의 철학자 요제프 피퍼도 이렇게 말한 것입니다. "슬기는 올바르고 상황에 맞게 결정하는 재능이다." 슬기는 지금 이 순간 자신에게 가장 유익한 일을 하는 능력인 셈이지요.

둘째로, 다른 사람들의 반응에 의존하기보다 자신의 마음을 살펴야 합니다. 많은 사람들이 결정할 용기를 내지 못하는 이유는 항상 자신의 결정에 대해 다른 사람들이 어떻게 생각할지를 걱정하기 때문입니다. 그런 까닭에 그들은 자신의 마음을 살피지 못하고 자신의 마음 한가운데에 머무르지 못합니다. 그들의 생각은 다른 사람에게 가 있으며, 다른 사람들의 반응에 따라 결정을 내립니다.

물론 다른 사람들의 반응이 전혀 중요하지 않다고 할 수는 없습니다. 배우자와 이혼을 한다든지 수도자의 삶을 포기한다든지 하는 인생에서 중요한 결정을 내릴 때에는 주위 사람들의 반응도 고려해야 하지요. 때로는 그들의 반응을 견뎌 내야 할 때도 있습니다. 예를 들어 어떤 남자가 아내가 아닌 다른 여성과 사랑에 빠져 이혼하려고 마음먹었다면, 그는 아내와 주변 사람들을 돌아보지 않고 그저 사랑에 빠진 상태에만 머무르고 싶어 할 것입니다. 그러나 그것은 분명 무분별한 행동이지요. 주변 사람들의 반응을 살펴봐야만 정신을 차리고 자신이 내리려는 결정이 어떤 결과들을 가져올지 인식할 수 있습니다.

또한 자신을 진심으로 대하는 좋은 친구들의 반응과 각자의 억압된 욕구를 타인의 결정에 투사하려는 주변 사람들의 반응을 구별해야 합니다. 그리고 하느님 앞에서 자기 자신을 책임져야 하고, 자신이 책임을 져야 하는 다른 사람들이 있다는 점도 중요하게 인식해야 합니다. 자기 자신과 자신의 주변 세계에 대한 책임을 의식하는 가운데 모든 결정을 내려야 하지요. 그러나 결정을 내릴 때마다 다른 사람들의 반응에 좌우되어서는 안 됩니다. 가장 중요한 것은 자신의 내면에서 들리는 소리를 따라야 한다는 것이지요.

셋째로, 우리가 패배할 수도 있다는 것을 받아들여야 합니다. 이기려는 사람은 질 줄도 알아야 합니다. 패배자가 될까 봐 두려워하는 사람은 내적으로 마비된 사람입니다. 마비된 사람은 도무지 결정을 내릴 수 없게 되지요. 그는 다른 사람들의 반응뿐만 아니라, 자기 자신과 자기 마음속의 판단도 두려워합니다. 이들은 자신이 패배하게 되면 스스로를 용서하지 못하지요.

하지만 운동선수들은 자신이 패배를 감수할 준비가 되어 있을 때에만 경기에 임할 수 있다는 것을 알고 있습니다. 물론 이기겠다는 생각으로 경기에 나가지만, 상대 팀이나 상대 선수가 이길 수도 있음을 염두에 두지요.

이처럼 인간의 위대함은 오히려 패배 속에서 드러나는 것입니다. 우리는 정정당당한 패배자의 모습에서 인간의 품위를 느낄 수 있습니다. 오직 성공의 파도만을 타려는 사람은 수면에만 머무를 뿐입니다. 그런 사람은 패배하게 되면 바닥에서 일어날 생각도 못 하고 자포자기하는 경우가 많지요. 때때로 자신이 패배했다는 사실조차 용납하지 못합니다. 패배할 수도 있다는 것을 받아들이지 못하면 우리는 결정을 내릴 수 없게 됩니다.

넷째는 신뢰하는 것입니다. 바로 이렇게 마음먹는 것이지요. '나는 모든 논거들을 따져 보았고, 이제 내 마음에서 우러나오는 소리를 들을 거야. 나는 여러 가지 결정과 각각의 결정으로 얻을 수 있는 각자의 가능성들을 내 마음의 재판관 앞에 펼쳐 보일 거야. 그리고 내 마음이 즉흥적으로 이끄는 대로 결정을 내려야지. 나는 머리로만 생각하지 않고 내 마음의 소리에도 귀를 기울일 거야. 그리고 나서 오래 생각할 것도 없이 결정을 내려야지. 결정을 내린 후에는 결정을 내리지 못했다고 스스로를 비난하지 않을 것이고, 한번 내린 결정에 더 이상 의심을 품지 않을 거야. 많은 사람들이 자신이 내린 결정에 대해 그 근거들을 되짚어 보느라 많은 힘을 허비하지만, 나는 내가 내린 결정을 실현하려고 노력해야 해. 나는 내가 내린 결정으로 인해 내 앞에 펼쳐진 길에서 어떤 일들을 겪게 될지 전혀 알지 못하지. 따라서 나는 이미 내린 결정을 후회하지 않고 그 길에서 겪게 되는 일에 적절히 대처해 가겠어. 그리고 끊임없이 방향을 새롭게 조정하고 상황에 맞는 적절한 결정을 내릴 거야.'

또한 신뢰하는 일은 직감과 관련이 있습니다. 직감에 따를 때 최상의 결정을 내리는 경우가 종종 있지요. 기업가들은 고용 면접에서 때때로 직감에 따라 내린 결정들이 옳았음을 나중에 확인하게 될 때가 있었다고 말합니다. 오히려 학벌, 성적 등 순전히 수치화해 놓은 외형적인 기준으로만 지원자를 평가하면 그릇된 결정을 내리게 되는 경우가 있었다는 것이지요. 출중한 능력을 갖춘 지원자라 할지라도 회사나 다른 직원들과는 맞지 않는 경우도 있고, 반면에 자신의 직감만을 믿고 고용한 지원자가 회사에 잘 적응하고 눈에 띄게 발전하는 모습을 보이는 경우도 있다고 했습니다.

우리는 보통 직감을 비이성적인 것이라고 생각합니다. 그러나 이는 잘못된 생각입니다. 이미 뇌 과학 분야에서는 중요한 정보들이 배에서 뇌로 전달된다는 것이 밝혀졌습니다. 심지어 배를 제2의 뇌이자, 지적인 신체 기관이라고 부를 정도입니다. 이처럼 우리의 배는 고유한 지능, 특히 정서적 지능을 갖고 있습니다. 사실 우리는 이미 배가 주변의 상황과 관계들을 예민하게 느낀다는 것을 알고 있습니다. 우리가 사랑에 빠지면 배 속이 간질거리는 것이 느껴지는 것처럼 말이지요. 또 다른 사람과 다투고 난 뒤에는 소화가 안 되거나 식욕을 잃어 제대로 먹을 수 없을 때도 있습니다. 아니면 마구 폭식하면서 배에 느껴지는 느낌을 없애려고 하지요.

　우리의 배에서 전하는 느낌은 자신이 다른 사람과 관계가 원만하며 그와 좋은 관계를 계속 유지할 수 있는지, 누가 우리 회사의 문화와 어울리고 그와 친구가 될 수 있는지를 알려 주기도 합니다. 또한 우리는 배에서 종종 무엇인가가 잘못되었음을 우리에게 알려 주는 느낌을 전달받기도 합니다. 그저 이성적인 관점으로 보았을 때는 모든 것이 제대로인 듯 보였지만, 우리의 배 속 깊은 곳에서는 다른 무언가가 있다고 자꾸 신호를 보내는 것이지요.

　자신의 직감만 믿고 결정하는 것은 쉽지 않습니다. 하지만 직감은 모든 근거를 찾아 모으는 이성보다 빠르게 결정을 내리도록 할 때가 종종 있지요. 또 그러한 결정이 좋은 결과를 가져오기도 합니다.

결정과 기도

기도는 결정을 내리는 데 도움이 되는 방법들 중의 하나입니다. 물론 결정을 내려야 할 상황에서 기도만 한다고 해서 하느님이 결정을 내려 주시는 것은 아니지요. 다시 말해 우리가 어떤 결정을 내려야 하는지 하느님이 명확하게 알려 주시지는 않는다는 뜻입니다. 일반적으로 우리는 기도 안에서 하느님의 직접적인 응답을 듣지는 못합니다.

하지만 우리는 기도를 하면서 결정의 가능성들을 발견하게 됩니다. 여러 가지 가능성을 하느님 앞에 내보이면서, 이번 결정이 무엇에 관한 것인지, 또 어떤 방안을 택하고 싶은지, 그 이유는 무엇인지 하느님께 설명하는 과정을 거치게 됩니다. 그리고 나서 하느님의 뜻을 여쭙고, 무엇을 하고 싶은 마음이 드는지 조용히 관찰합니다. 하느님 앞에서 여러 가지 방안을 고려해 보다가 어느 한 가지 방안에서 깊은 평화를 느낀다면 우리는 이 표지를 하느님의 뜻으로 받아들일 수 있습니다. 또한 평안한 마음이 드는 대신 "이거야!"라는 단순한 충동을 느낄 수도 있는데, 그것 또한 하느님의 뜻을 알려 주는 표지라고 여길 수 있지요.

예전에는 강의할 때 어떤 교육과 방법을 선택해야 할지 오랫동안 숙고하곤 했습니다. 그럴 때 저는 예수님이 팔다리가 마비된 병자에게 "일어나 네 들것을 들고 걸어가거라."(요한 5,8)라고 하셨던 말씀을 마음에서 듣게 될 때가 있었습니다. 제게 그 말씀은 방금 머릿속에 떠오른 해결책을 선택하라는 신호라고 느껴졌습니다. 이처럼 기도는 제게 지금 이 순간 무엇이 가장 좋은 해결책일지 계속 골몰하느라 에너지를 낭비하는 대신, 그 순간 떠오른 방책을 선택하라는 믿음을 일깨워 주었습니다.

그런데 기도를 해도 결정에 도움을 줄 만한 표지를 전혀 얻지 못하는 경우도 종종 있습니다. 그런 경우라도 기꺼이 받아들이면서 아직은 결정을 내릴 때가 아니라고 생각해야 합니다. 우리는 계속해서 결정의 가능성들을 하느님께 내보이며 마음에 확신이 들 때까지 기다려야 하는 것이지요. 물론 이러한 기다림은 인생에서 중대한 결정들을 할 경우에만 유용합니다. 우리의 일상에서 빈번하게 내려야만 하는 소소한 결정들은 기다리며 미룰 수 없기 때문입니다. 그런 결정들은 잠시 마음의 소리에 귀를 기울이고 하느님의 목소리를 들은 다음, 결정을 내리는 것으로 충분합니다.

이처럼 하던 일을 멈추고 생각을 가다듬는 것은 다른 사람들의 결정에 자신을 내맡기지 않고 자신의 마음에 따라 결정을 내리는 데 도움이 됩니다. 인생의 중대한 결정들은 기도한 이후 곧바로 결정해서는 안 되지만, 무작정 기다리기보다 결정을 내릴 기한을 정해 놓는다면 더 좋을 것입니다.

저의 지인들 중에는 수십 년 동안이나 수도회에 입회할 생각만 하고 있는 사람들이 있습니다. 그러나 그들은 아직도 결정을 내리지 못하고 있습니다. 언제나 결정을 내리고 싶다고 말하지만, 10년이 지나도록 여전히 변한 것은 없지요. 언젠가는 결정을 내릴 것이라는 그들의 말은 실제로 결정을 내리지 않는 것에 대한 핑계에 지나지 않습니다. 그들에게는 이런 조언이 필요하지요.

"당신이 수도회에 입회할지 여부에 관한 말은 더 이상 하지 말아요. 사실 당신은 이미 결정을 내렸거든요. 당신이 아직까지도 수도회에 입회하지 않았다는 것은 이미 입회하지 않기로 결정을 내렸다는 것을 의미해요. 결정을 내리겠다며 끊임없이 생각만 하느라 에너지를 낭비하기보다는 이미 내린 결정에 대해 책임을 지세요. 곧 결정하겠다는 쓸데없는 말로 당신이 얼마나 많은 책임을 회피하고 있는지 아세요?"

물론 그들은 이렇게 날카로운 말을 듣고 싶어 하지 않겠지요. 그러나 오로지 이러한 충고만이 그들의 눈을 뜨게 할 수 있고, 더 나아가 현실에 대처할 자세와 자신의 삶을 선택할 수 있는 자세를 갖추도록 합니다. 이처럼 결정을 내리는 일은 자신이 지금 살고 있는 삶을 뚜렷한 의식을 갖고 마음을 다해 살 수 있도록 도와줍니다.

저는 상담을 하다가, 결정을 내릴 때 하느님께 도움을 청했지만 아무런 도움을 받을 수 없었다는 말을 가끔 듣게 됩니다. 한 여성이 자신이 좋아하는 한 남성과의 만남을 축복해 주시기를 하느님께 청했습니다. 그런데 그녀는 오히려 기도 후에 이 남성과의 만남에서 깊은 상처를 받았지요. 그러자 그녀는 모든 탓을 하느님께 돌렸습니다. 하느님께 기도드렸는데도 하느님이 자신의 상처를 막지 못하셨다는 것이었지요. 그러나 저는 이 이야기를 듣고, 그녀가 자신의 결정을 확인받는 데 하느님을 이용했다는 인상을 지울 수 없었습니다. 그 남성과의 만남에 대해서 하느님께 열린 마음으로 다가가지 않았기 때문에 그녀는 기도로써 하느님을 만나지 못했던 것입니다. 그녀는 무조건 그와 사귀기를 바랐고, 자신의 결정을 확인받기 위해 기도로써 하느님을 이용한 것뿐이지요.

우리가 자신의 문제를 하느님께 열린 마음으로 내보이지 않는다면 하느님께 결정에 대한 책임도 지울 수 없습니다. 진정한 기도란 어떤 결정을 미리 내리지 않고 언제나 하느님과 열린 마음으로 만나는 것을 뜻합니다. 우리는 하느님과의 만남에서 우리가 지닌 본래의 원의願意도 확인할 수 있습니다. 하느님은 우리의 마음속 원의를 통해 우리에게 말씀하십니다. 물론 이때에는 그러한 원의로써 하느님이 지금 자기 자신에게 말씀하고 계신 것인지, 아니면 그러한 원의가 자신의 초자아나 공명심, 유아적 욕구의 표현인지 구별할 수 있는 능력이 필요합니다. 우리의 마음에 평온함과 자유, 활력과 사랑을 주는 원의는 하느님의 목소리라 할 수 있습니다. 그러나 우리에게 불안감을 주고 과도한 부담이 되는 원의는 우리가 지닌 완벽주의 성향 때문이며, 언제나 완벽한 해결책을 요구하는 자신의 초자아라 할 수 있습니다.

우리를 결정으로 내모는 상황도 있습니다. 누군가의 말처럼 이는 흑사병과 콜레라 중 어느 하나를 고를 수밖에 없는 상황이라 할 수 있지요. 이처럼 우리는 때때로 잘못된 양자택일의 상황에 직면하게 됩니다. 마찬가지로 그러한 상황들을 겪으셨던 예수님은 그러한 상황에 처했을 때 어떻게 마음에서 우러나오는 결정을 내릴 수 있는지 우리에게 그 방법을 알려 주십니다.

성경에는 예수님을 결정으로 내모는 두 가지 상황이 나옵니다. 그중 하나는 바리사이들과 헤로데 당원들 몇 사람이 예수님을 시험하는 장면에서 볼 수 있습니다. "황제에게 세금을 내는 것이 합

당합니까, 합당하지 않습니까? 바쳐야 합니까, 바치지 말아야 합니까?"(마르 12,14)

이는 당시에 가장 논란이 되었던 문제이기도 했는데, 예수님은 이에 관한 당신의 의견을 밝히셔야 했지요. 둘 중에 어떤 선택을 하든지 예수님은 곤란한 상황에 빠지실 수밖에 없었습니다. 세금을 내지 말라고 한다면 헤로데 당원들은 그분을 체포할 빌미를 얻을 테고, 세금을 바치라고 한다면 그분을 따르던 모든 사람들이 실망할 것이 분명했기 때문이지요.

예수님은 당신을 함정에 빠뜨리려는 바리사이들의 계략을 알아차리시고 질문을 던진 이들에게 데나리온 한 닢을 가져오게 하신 후 물으셨습니다. "이 초상과 글자가 누구의 것이냐?"(마르 12,16) 그들이 대답하였습니다. "황제의 것입니다."(마르 12,16) 그러자 예수님은 다음과 같은 말을 하셨습니다. "황제의 것은 황제에게 돌려주고, 하느님의 것은 하느님께 돌려 드려라."(마르 12,17) 이에 대해 누구도 토를 달 수 없었습니다. 이처럼 예수님은 탁월한 답변을 하시며 그들이 내몰았던 잘못된 양자택일의 상황에서 벗어나셨습니다.

이 이야기가 시사하는 바와 같이 다른 사람들이 우리에게 결정을 강요해서 난처한 상황에 놓이지 않도록 주의해야 합니다.

남들이 우리에게 강요하는 길은 대부분 유익하지 않기 때문이지요. 그 대신 우리는 이야기 속의 예수님처럼 주도권을 쥐고 스스로 결정해야 합니다. 독일어에서는 이를 "내가 나를 결정한다Ich entscheide mich."라는 말로 표현하지요. 결정은 언제나 능동적으로 마음속에서 일어나는 일이 되어야 합니다. 따라서 이러한 결정을 남들의 강요에 의해 내려서는 안 되지요. 자신에 관한 일은 스스로 결정해야 합니다.

요한 복음사가도 이와 비슷한 상황을 전합니다. 바리사이들이 간음하다 붙잡힌 여자를 예수님께 끌고 왔습니다. 그들은 간음한 여자는 돌로 쳐 죽여야 한다는 모세의 율법을 내세우며 어떻게 하면 좋을지 예수님께 물었지요. 예수님은 아무런 대답도 하지 않으시고 몸을 굽혀 땅바닥에 무엇인가를 쓰셨습니다.

저는 예수님이 시간을 두고 마음에 떠오르는 창의적인 해결책을 얻고자 하신 행동이라고 생각합니다. 아니면 오늘날 자주 쓰는 '브레인스토밍'의 방법을 쓰셨다고 말할 수도 있겠지요. 다시 말해 그분은 그저 떠오르는 생각들을 땅바닥에 적으신 것입니다. 그리고 나서 당신 마음에 떠오르는 탁월한 답변을 하셔서 질문자들을 오히려 당황하게 만드셨습니다. "너희 가운데 죄 없는 자가 먼저 저 여자에게 돌을 던져라."(요한 8,7) 그렇게 말씀하신 예수님은 다시 몸을 굽히시고 땅바닥에 무엇인가를 계속 쓰셨지요. 마침내 예수님이 고개를 드셨을 때는 이미 모든 이들이 떠난 뒤였습니다. 그들도 자신이 죄가 없다고 할 만큼 뻔뻔하지는 않았던 것이지요.

　이로써 예수님은 어떤 선택을 하든지 간에 당신께 위험을 초래할 양자택일의 상황에서 벗어나셨습니다. 예수님은 뒤로 물러나 자신의 내면과 마주하셨습니다. 이따금 우리도 "그 문제는 내일까지 시간을 두고 다시 한번 생각해 보겠다."라고 말하며 뒤로 물러날 때가 있지요. 그러면 가끔 하룻밤 사이에 해결책이 떠오르기도 합니다. 어떤 사람들은 자는 동안 무슨 결정을 내려야 할지 깨닫기도 하고, 또 어떤 사람들은 잠에서 깨어날 때 어떤 결정이라도 내리는 것이 더 좋다는 것을 알게 되기도 합니다. 그들은 밤 사이에 자신의 영혼과 마주함으로써 마음에 있는 생각을 뚜렷이 알게 되는 것이지요.

　하지만 결정을 미룰 수 없는 경우도 종종 있습니다. 그런 경우에도 다른 사람들의 압박에서 벗어나 잠시라도 자기 내면의 소리에 귀를 기울이고 자신의 마음과 마주하는 것이 좋습니다. 그리고 나서는 마음에 해결책으로 떠오르는 것을 따르면 됩니다. 중요한 점은 결정할 때 다른 사람에게 의존하지 말고 자신의 마음을 들여다봐야 한다는 것이지요. 우리는 외부의 압박에 의한 것이 아닌, 자기 마음에서 우러나온 결정을 내려야 합니다. 또한 자신의 마음이 자신에게 가장 적합한 것을 정확히 알고 있다고 확신해야 하지요. 그런 까닭에 자신의 마음이 말하는 것이 무엇인지 알아듣기 위해서 마음 깊은 곳에 잠길 필요가 있습니다. 우리의 마음에는 언제나 결정을 위한 창의적인 해결책이 마련되어 있어서 잘못된 양자택일에 빠지지 않도록 막아 줍니다.

결정을 내리기 전에 수도원을 찾아 숙고의 시간을 갖는 사람들도 있습니다. 그들은 개인 피정을 하기도 하지요. 이냐시오 데 로욜라 성인의 '영신 수련'을 바탕으로 한 피정은 결정을 돕는 데 그 목적이 있습니다. 피정을 하는 사람은 먼저 자기 삶을 숙고합니다. 다시 말해 그는 자기 삶에서 본래 이루고 싶은 것이 무엇인지를 묻습니다. 예를 들면 어떤 직업을 선택할지, 또 내년에 무슨 일을 할지에 관한 결정이 이에 해당하겠지요. 그러나 결정을 내리기 전에, 그는 먼저 내적으로 자유로워져야 합니다.

이 부분에서 이냐시오 성인은 '초연함'에 관해 말합니다. 성인이 말하는 '초연함'은 내적인 자유를 뜻하는데, 이러한 자유를 누릴 때 사람은 하느님이 제시하시는 해결책에 대해 열린 마음을 갖게 된다는 것이지요. 그다음 단계로 피정을 하는 사람은 그에게 떠오르는 모든 대안들을 검토하는 과정에서 '더 많은 것', 다시 말해 '자신과 이웃, 나아가 인류에게 더 많은 결실과 축복을 가져올 것'을 찾게 됩니다.

'더 많은 것'은 평화, 정의, 믿음, 희망, 사랑과 같은 그리스도교적 가치들과 관련이 있습니다. 피정을 하는 사람은 자신이 어떻게 하면 이 세상을 더욱 정의롭고 평화로우며 믿을 만하고 희망차고 사랑스럽고 자비롭게 만드는 데 더 많이 기여할 수 있는지 숙고합니다. 이냐시오 성인은 '더 많은 것'을 '더 큰 열매'요, '더 큰 위로'라고 불렀습니다. 열매는 삶을 유지하게 하고 꽃피게 합니다.

위로는 피정을 하는 사람이 결정을 내릴 때 갖는 느낌과 깊은 관련이 있습니다. 다시 말해 자기 자신과 하나 된 느낌이 드는지, 결정을 내릴 때 편안한 느낌이 드는지, 자신이 자유롭고 활력 있다고 느끼는지와 관련이 있는 것이지요. 이에 비해 열매는 다른 사람들을 위한 축복과 관련이 있습니다. 따라서 '더 큰 열매'를 찾는 일은 '사람들에게 더 많은 축복을 가져오는 것'을 찾는 일입니다. 곧 열매는 다른 이들을 위한 재산이고, 위로는 결정을 내리는 이를 위한 재산인 것이지요. 위로와 열매를 찾는 일은 서로 조화를 이뤄야 합니다.

어떤 사람들은 피정을 위해서가 아니라도 고요함을 찾아 며칠

동안 수도원에 머무르기도 합니다. 조용히 오랫동안 숙고하며 미래를 위한 중대한 결정을 내리려는 것이지요.

어떤 여성이 제게 뷔르츠부르크에 있는 성 베네딕도 수도원에 며칠간 머물렀던 경험을 말해 준 적이 있습니다. 그녀는 수도원에 머무르면서 줄곧 고민하던 일에 대한 결정을 내릴 수 있었다고 합니다. 그녀는 그에 대해 감사하며 그 결정을 축복으로 여긴다고 말했지요. 당시 그녀는 어떤 문제로 오랫동안 고민하던 끝에, 그저 결정을 내려야 한다는 생각만을 품고 조용한 공간을 찾았다고 합니다. 그녀가 바라던 대로 수도원에서 고요하게 며칠을 보내자, 마침내 결정을 내릴 수 있겠다는 확신이 들었다고 했지요.

하지만 우리는 수도원에서 며칠 동안 시간을 보낼 만한 여유를 갖기가 쉽지 않습니다. 그러나 일상에서도 고요한 시간들을 마련할 수 있습니다. 이를테면 산책을 하면서 무엇이 올바른 결정일지 생각해 볼 수 있습니다. 반드시 온종일 숙고하지는 않아도, 그저 그 생각을 품고 산책하는 동안 생각하는 것으로도 결정을 내리는 데 도움이 될 하느님의 표지를 찾을 수 있습니다. 산책하는 동안 주변 풍경을 바라보다가 새로운 시야가 열려 어떤 결정을 내려야 하는지 불현듯이 깨닫기도 하고, 소소한 체험들에서 생각과 결정에 확신을 얻기도 합니다. 아니면 중대한 결정을 앞두고 자리에 앉아 묵상하는 방법을 사용할 수도 있습니다. 그때에는 어떤 결정을 내릴지 숙고하기보다 그저 하느님 앞에서 고요한 마음을 지니려고 노력해야 합니다. 그렇게 묵상을 마치고 나면 어떤 결정을 내려야 할지 알게 될 것입니다.

몇몇 사람들은 어떤 결정이 하느님의 뜻에 더 합당한 것인지 묻곤 합니다. 하느님의 뜻이 자신의 뜻과는 다를 것이라고 생각하기 때문이지요. 그들은 하느님의 뜻이 외부에서 자신의 삶 속으로 들어올 거라고 생각합니다. 자신의 느낌이나 내면의 소리는 하느님과 아무런 관련도 없다고 생각하지요. 그러면서도 하느님의 뜻을 찾는다며 쓸데없이 애를 씁니다. 때로는 하느님의 뜻을 자신의 완벽주의와 혼동하는 사람들도 있습니다. 그들은 하느님의 뜻이 자신에게 언제나 더 어렵고 더 엄격하며 희생을 요구하는 것이라 생각합니다.

우리가 지닌 원의는 두 가지 차원으로 구분할 수 있습니다. 하나는 "나는 지금 거기에 갈 거야."라든가 "나는 지금 그걸 먹을 거야." 또는 "나는 지금 그걸 살 거야."라고 말하는 피상적인 원의입니다. 다른 하나는 우리가 아주 고요한 마음을 지닐 때 그리고 자기 자신과의 관계가 아주 평화로운 상태일 때 우리의 마음속에서 마주하게 되는 원의입니다. 고요한 마음을 지닐 때 우리는 자신과 하나 됨을 느끼는데 이때 마음 깊은 곳에서 느끼는 원의는 하느님의 뜻과 같습니다. 바오로 사도는 테살로니카 신자들에게 보낸 첫째 서간에서 "하느님의 뜻은 바로 여러분이 거룩한 사람이 되는 것입니다."(1테살 4,3)라고 말했습니다. 하느님의 뜻은 우리가 거룩하고 온전해지는 데 있으며, 또한 우리가 가장 깊은 내면의 본질 곧 우리 안에 계신 하느님의 본래적이고 순수한 형상과 일치하는 데 있다는 것이지요.

우리의 결정이 축복을 가져올지 아닐지는 우리의 숙고에만 달려 있는 것이 아닙니다. 어떤 상품이나 어떤 전략을 선택하는 것이 옳은지 판단할 수 있는 방법에는 논거와 숙고만 있는 것은 아니지요. 또 그 결정이 축복을 가져온다는 보장도 없습니다. 따라서 우리는 결정을 통해 하느님이 무언가를 이루시도록 그분께 기도드리며 의탁해야 합니다. 우리의 결정이 최선의 것은 아니었다 할지라도 하느님은 그 결정을 축복하실 수 있습니다. 이러한 신뢰는 우리의 결정이 가져올 결과에 관한 걱정을 덜어 줍니다. 우리의 결정을 하느님께 내맡김으로써 그분의 축복이 우리의 결정 위에 깃들어 있다는 것과, 그 결정이 많은 이들을 위한 축복이 된다는 것을 신뢰할 수 있게 되겠지요.

구체적인 훈련 방법

배우자나 직업을 선택하거나 이직을 결정하는 등, 앞으로의 삶을 바꿀 수도 있는 중대한 결정을 내리는 데 도움이 될 만한 구체적인 방법들을 소개하고자 합니다.

첫 번째 방법은 자신의 미래 모습을 그려 보는 것입니다. 예를 들어 마음에 둔 여성과 결혼을 고민하는 남성이라면, 결혼했을 때와 결혼하지 않았을 때 10년 후 자신의 모습에는 어떤 차이가 있을지 상상해 보는 것입니다. 그녀와 함께 사는 모습을 상상할 때 어떤 느낌이 드는지, 반대로 그녀가 없는 삶을 그려 보면 어떤 느낌이 드는지 비교하는 것이지요.

또한 5년 후에도 여전히 지금과 같은 직장에서 일하고 있다면 어떠할지 생각해 볼 수 있습니다. 그때에도 같은 일을 하면서 만족하고 있을까요? 아니면 최근에 제안받은 새 직장에 있지는 않을까요? 새로운 직장에 있는 자신의 모습을 그려 보면 마음에 어떤 느낌이 드나요? 이처럼 각각의 상황을 생각해 볼 때 떠오르는 느낌들을 비교해 볼 수 있습니다. 이때 평화와 자유, 활력, 사랑이 더 많이 느껴지는 쪽이 자신에게 맞는 길임을 깨달을 수 있습니다. 이와는 달리, 불안과 두려움이 더 많이 느껴지는 쪽은 자신의 길이 아니라는 것도 깨달을 수 있지요.

우리는 하느님의 뜻이 무엇인지 물을 수도 있습니다. 중세의 수도승들은 영을 식별할 수 있었는데, 특히 하느님의 뜻과 마귀의 뜻을 식별할 수 있었지요. 또한 그들은 하느님의 생각과 마귀의 생각, 자기 자신의 생각을 식별했습니다. 이렇게 생각을 식별할 수 있으려면 자신의 영혼이 여러 생각 중에 어떤 생각에 반응하는지 주의 깊게 살펴야 합니다. 하느님이 주시는 생각들은 우리의 마음에 평화와 자유, 활력, 사랑을 불러일으킵니다. 그러나 오늘날의 표현으로는 '초자아에서 나오는 생각들'이라 할 수 있는 마귀가 불어넣는 생각들은, 마음에 불안과 답답함을 불러일으키며 때때로 과도한 부담을 줍니다. 우리는 그런 생각들로 인해 긴장하고 경직되지요. 사실 우리가 하는 여러 가지 생각들에는 응집력과 구속력이 없어서, 우리는 그 생각들 속을 이리저리 배회하게 됩니다. 그런 생각들은 우리의 자아가 중심을 잡지 못하게 하며 심지어는 자아를 무너뜨립니다.

수도승들이 사용했던 영의 식별 방법은 우리가 결정을 내릴 때에도 도움을 줍니다. 수도승들은 우리의 영혼에 있는 평화와 자유, 활력, 사랑이라는 네 가지 속성을 이용하여 각각의 속성이 느껴지는 방안을 선택했습니다. 그 방안이 바로 하느님의 뜻이라 할 수 있고 그 안에 하느님의 축복이 있지요.

우리의 영혼이 지닌 이 네 가지 속성은 성경에서 예수님이 지니셨던 영의 특징으로 묘사하는 것과 일치합니다. 예수님은 몸소 당신에 관해 "나는 길이요 진리요 생명이다."(요한 14,6)라고 말씀하셨습니다. 바로 예수님의 영이 있는 곳에는 활력이 있다는 것입니다.

바오로 사도도 예수님에 관해 "주님은 영이십니다. 그리고 주님의 영이 계신 곳에는 자유가 있습니다."(2코린 3,17)라고 말했습니다. 또한 갈라티아 신자들에게 보낸 서간에서는 성령의 열매들 가운데 특히 사랑과 평화를 강조했습니다. 물론 우리는 성령의 또 다른 열매를 성령이 우리의 결정에 관여하신 표지로, 또한 우리가 성령의 뜻에 따라 결정을 내렸다는 표지로 받아들일 수 있습니다. "성령의 열매는 사랑, 기쁨, 평화, 인내, 호의, 선의, 성실, 온유, 절제입니다."(갈라 5,22-23) 이 아홉 가지 열매들은 성령의 뜻에 따른 결정임을 드러내는 평화와 자유, 활력, 사랑을 확대하고 해석한 것이라 할 수 있습니다. 곧 기쁨과 선의, 성실, 온유는 사랑과 마음의 자유를 해석한 것이라 할 수 있지요.

두 번째 방법은 첫 번째 방법과 유사하지만 상상하는 시간에서 차이가 있습니다. 예를 들면 이틀 동안 수도원에 입회하는 것을 상상하거나, 아니면 지금 다니는 직장에 계속 다니는 것을 상상해 봅니다. 잠에서 깨어났을 때, 아침 식사를 할 때, 산책을 갈 때에도 그러한 결정을 했다고 가정하고 그 결정 후에 자신이 어떠할지를 계속 상상합니다. 다른 사람과 대화할 때에도 그러한 상상을 늘 염두에 둡니다. 그리고 이틀이 지난 후, 그동안 자신이 느꼈던 감정들을 적습니다. 이어서 그다음 이틀은 이전과는 반대의 결정을 내렸다는 상상을 하면서 지냅니다. 다시 이틀이 지난 후, 자신이 느꼈던 감정들을 적습니다. 그러고 나서 두 가지 서로 다른 결정으로 느꼈던 감정들을 비교해 봅니다. 둘 중에서 평화와 자유, 활력, 사랑을 더 많이 느꼈던 결정이 자신의 마음이 원하는 결정이라 할 수 있겠지요.

이 방법이 아무런 확신을 주지 못하는 경우도 간혹 있습니다. 그럴 때 우리는 기다려야 합니다. 때로는 결정 기한을 정하는 것이 도움이 되기도 하지요. 하지만 그렇게 해도 우리가 모든 결정을 손쉽게 내릴 수 있는 것은 아닙니다. 결정을 내려야 한다는 지나친 부담감은 오히려 아무런 도움이 되지 않지요. 마음이 급할수록 오히려 인내심을 가져야 합니다.

저는 이러한 방법을 결정이 진행되도록 만드는 동기로 이용하기도 합니다. 처음에는 수도 생활이나 직장 생활, 결혼 생활을 계속하겠다고 결심하더라도 시간이 지나면서 그 반대의 결정이 더 옳았을 것이라는 느낌이 더 뚜렷해질 수 있기 때문이지요.

기억해야 할 점은 언젠가는 결정에 대한 확신이 생긴다는 사실을 믿고 기다려야 한다는 것입니다. 따라서 결정이 무르익기까지 인내해야 하고, 확신이 섰을 때 결정을 내리는 용기가 필요합니다. 물론 인생에 관한 근본적인 결정들을 어떤 기한을 정해 놓고 그 안에 내리도록 자신에게 강요할 수는 없지요. 그럼에도 불구하고 기한 안에 결정을 내려야겠다고 스스로 다짐하는 것은 유익한 방법으로 쓰일 수 있습니다.

하지만 저는 시간 제약 때문에 사람들이 지나친 부담감을 느끼는 것을 종종 봐 왔습니다. 이러한 부담감은 결정을 자유롭게 내리는 데 아무런 도움이 되지 않습니다. 우리는 결정을 내리도록 스스로를 다그쳐야 하지만, 다른 한편으로는 자신에게 시간을 허락해야 합니다. 그렇게 함으로써 우리는 도약을 위한 준비를 할 수 있게 됩니다. 그리고 그 도약이 우리를 앞으로 더 나아가게 할 테지요.

세 번째 방법은 하느님이 우리에게 보여 주시는 꿈이나 마음속 표상들을 믿는 것입니다. 우리는 결정을 내리는 데 도움을 줄 수 있는 꿈을 보여 달라고 하느님께 청할 수 있습니다. 우리 주변에서도 꿈에서 본 내용을 굳게 믿는 사람들을 흔히 볼 수 있지요. 한 여성이 도서관 사서 자리를 제안받고서는 그날 밤 그 직장과 관련된 혼란스러운 꿈을 꿨습니다. 그런데 꿈을 꾸고 난 후, 그녀는 자신에게 경제적으로 큰 도움이 될 것이 분명한 그 일자리를 포기했지요. 나중에 그녀는 그 직장의 노동 여건이 좋지 않고 직무 권한도 매우 불분명하다는 사실을 알게 되었습니다. 결국 그녀의 꿈은 그녀의 결정이 옳았음을 입증해 준 셈입니다. 이 여성처럼 꿈을 통해 자신의 결정이 나아갈 방향을 깨닫게 되는 이들이 많이 있습니다.

하지만 융은 꿈에 의존하여 결정을 내려서는 안 된다고 말했습니다. 결정을 내릴 때 꿈은 그저 참고 사항일 뿐이라는 것이었지요. 꿈은 전달되기를 바라는 중요한 내면의 의견이라고 할 수 있습니다. 그러나 결정은 분명한 의지를 갖고 해야 하는 일이며, 이때 의지는 이성과 감정뿐만 아니라 꿈에 나오는 내적인 표상까지 모두 고려해야 합니다. 실제로 우리는 꿈에서 본 대로 결정했다는 사람들의 이야기를 종종 듣습니다. 그런데 그러한 결정으로 그들을 내모는 것은, 사실 꿈을 해석한 결과가 아니라 그들이 잠에서 깨어날 때 느꼈던 감정입니다. 다음의 사례는 꿈이 결정을 내릴 때 어떤 도움을 줄 수 있는지를 잘 보여 줍니다.

몇 년 전에 한 청년이 개인 피정을 하기 위해 저를 찾아왔습니다. 그는 이 피정을 통해 여자 친구와 결혼을 해야 할지 말아야 할지 결정하려고 했습니다. 그녀와의 결혼에 관한 이성적인 논거들은 더 이상 그에게 도움이 되지 못했기 때문이었지요. 두 사람은 서로를 잘 이해했습니다. 그들은 주일 학교 교사로 함께 활동했으며, 비슷한 사고방식을 갖고 있었지요. 하지만 그녀는 그가 꿈꾸던 이상형은 아니었습니다.

일주일의 피정 기간 동안 그는 두 가지의 중요한 꿈을 꿨습니다. 첫 번째 꿈에서 그는 여자 친구와 함께 혼인 예식을 위해 입장하고 있었습니다. 그런데 갑자기 그가 "안 돼. 난 너랑 결혼하지 않을 거야."라고 말했습니다. 그러나 꿈이 끝날 무렵 그들은 결국 예식이 치러지는 제단 앞에 함께 서 있었습니다. 다른 꿈도 이와 비슷했지요. 그는 여자 친구와 다툰 후 집을 나와서 기차를 타러 갔는데 기차에는 강도들이 타고 있었습니다. 그는 강도들의 무리에 합류하여 주위 사람들에게 총을 쏴 댔습니다. 그런데 꿈이 끝날 무렵, 그는 다시 여자 친구와 함께 성당에서 혼인 예식을 거행하고 있었습니다.

그 꿈들은 그가 여자 친구와 결혼하기를 결심하도록 도왔지만 그에게 두 가지의 중요한 과제도 남겼습니다. 첫 번째 꿈은 "네가 진정으로 결혼에 동의할 수 있으려면 먼저 꺼리는 부분에 대해서는 '아니'라고 말할 수 있어야 한다."라는 점을 암시했지요. 그는 자신이 온전히 자유롭다고 느끼지 못했던 것입니다. 만약 여자 친구와 헤어질 경우에, 그와 그녀의 관계를 알고 있는 주일 학교 학생들의 반응이 두려웠던 것이었지요. 하지만 '아니'라고 말할 수 있는 용기는 모든 사람들이 갖고 있는 것이 아닙니다. 이러한 용기가 없는 사람은 오로지 다른 사람들이 자신의 결정에 대해 보일 반응을 염두에 두고 결정을 내립니다. 그러나 자신이 아니라고 말할 수 있는 온전한 자유를 느낀다면, 비로소 참다운 동의를 할 수 있습니다.

두 번째 꿈은 "한 여자와 결혼하려면 먼저 남자가 되어야 한다."라는 점을 암시합니다. 그 청년은 감성이 풍부하고 섬세한 성격을 가진 남성이었습니다. 자기 여자 친구에게 진정한 배우자가 되려면 그는 먼저 자신이 지닌 남성다운 면모를 깨달아야 했지요. 이 사례에 나오는 두 가지 꿈은 청년에게 이성적인 논거들보다 더욱 깊이 있는 해결책을 제시했습니다. 그는 그제야 진심으로 여자 친구를 자기 아내로 맞이할 준비가 되었습니다.

꿈뿐만 아니라, 우리의 마음에 떠오르는 표상들도 결정을 내리는 데 도움이 됩니다. 우리는 그 표상들을 통해 한층 더 깊은 차원에서 어떤 결정을 내려야 할지 볼 수 있습니다. 그러기에 표상을 눈여겨보고 그것들을 참고하여 결정을 내려야 합니다. 하지만 전적으로 표상에 의존하는 결정은 좋지 않지요.

어떤 의사가 자신이 살고 있는 소도시에서 개업을 할지 아니면 지금처럼 대학 병원에서 계속 일할지를 결정하기 위해 저를 찾아왔습니다. 하지만 두 가지 방안 모두 합리적이고 실현이 가능했기 때문에 그는 이성적인 논거들로는 판단을 내릴 수 없었습니다. 저는 그에게 눈을 감으라고 한 다음, 개업한 모습을 상상하면 어떤 표상들이 떠오르는지 말해 보라고 했습니다. 그는 몇 분 후 눈을 뜨고 자신이 술에 취한 채 커다란 책상 의자에 앉아 있는 모습을 보았다고 말했습니다. 그는 술을 즐기는 편이 아니었기 때문에 자기 마음에 떠올랐던 익숙하지 않은 표상을 신기하게 여겼습니다. 저는 그에게 아직 결정을 내리지 말고 하루 정도 더 기다려 보라고 말했습니다. 그러면서도 지금 본 표상을 중요하게 받아들여야 한다고 조언했지요.

결국 그는 개업을 포기했습니다. 그리고 후에 그의 선택이 옳았다는 것이 드러났습니다. 대학 병원에서 열심히 일해서 나중에 높은 자리까지 올라간 것입니다. 이처럼 마음의 표상이 그가 결정을 내리는 일에 도움이 되었습니다. 그러나 아쉽게도 모든 사람들이 이 의사처럼 뚜렷한 표상을 보는 것은 아닙니다. 그럼에도 불구하고, 우리는 이성에만 근거해서 결정을 내리려 하지 말고, 우리에게 표상을 보여 주는 마음에도 늘 주의를 기울여야 합니다. 그 표상이 우리에게 길을 알려 주기도 하기 때문이지요.

이 세 가지 방법이 언제나 올바른 결정을 내리게 해 주는 것은 아닙니다. 이 방법들이 구체적인 도움을 주지 못하는 경우도 더러 있지요. 저는 20년 전부터 뮌스터슈바르차흐 대수도원에 있는 교육관 레콜렉시오 하우스에서 사제들과 수도자들을 위한 영성 상담을 해 오고 있습니다. 제게 상담을 하러 오는 사람들은 사제 생활을 계속해야 할지, 지난 몇 년 동안 재임해 온 본당에 계속 머물러야 할지, 수도 생활을 계속해야 할지 등을 결정하고 싶어 합니다. 그들 가운데에는 이곳에서 세 달 동안 자신이 무엇을 원하는지, 앞으로 자신의 삶이 어떤 모습을 띠게 될지 분명히 알아내야만 한다는 큰 부담감을 지닌 이들도 많았습니다. 그들은 언제나 명쾌한 결정을 내릴 수 있기를 기대했습니다. 그러나 두 달이 지나도록 자신이 어떤 결정을 내려야 할지 뚜렷한 판단이 서지 않으면 그들은 커다란 압박감에 시달리거나 때로는 공황 상태에 빠지기도 했지요.

그럴 때마다 저는 그들에게 자신의 모든 인생을 고려한 결을 할 필요는 없다는 점을 일깨워 주었습니다. 그들은 세 달 후에 당장 자신이 무엇을 하길 원하는지, 다시 말해 현재 사목하고 있는 본당으로 되돌아가기를 원하는지, 새로운 부임지나 안식년을 청하길 원하는지, 수도원으로 되돌아가기를 원하는지, 좀 더 시간을 두고 숙고하기 위해 휴양을 원하는지를 결정하기만 하면 되니까요.

우리는 늘 자신에게 꼭 맞는 결정을 내려야 합니다. 수도자나 사제들 중에는 너무 빨리 결정을 내리는 이들이 많습니다. 그러나 좀 더 시간을 갖고 마음에서 익어 가는 생각에 따르는 것이 좋습니다. 상담을 하다 보면 저는 그들이 정말 인생에 관해 결정할 때가 된 것인지, 아니면 아직 더 많은 시간과 기회를 거치는 것이 바람직할지 느끼게 됩니다.

유익한 결정을 내리려면 내담자뿐만 아니라 상담자도 똑같이 마음의 자유를 느낄 수 있어야 합니다. 상담자는 이냐시오 데 로욜라 성인이 피정자의 결정 과정에서 꼭 필요하다고 말했던 초연함을 반드시 지녀야 하지요. 상담자는 내담자를 어떤 결정으로 이끌고 싶다는 유혹을 느낍니다. 예를 들면 상담자인 제 마음에는 상담자가 사제직이나 수도직을 지킬 수 있는 결정을 하도록 이끌고 싶은 경향이 숨어 있지요. 그러나 상담 과정에서 이러한 저의 바람을 내비쳐서는 안 됩니다. 상담할 때에는 어떤 결정이 내담자에게 더 많은 열매와 위로를 가져오는지, 또 어떤 결정이 내담자에게 더 큰 평화와 자유, 활력, 사랑을 느끼게 하는지가 가장 중요하기 때문이지요. 상담에서 가장 중요한 것은 내담자에 대한 하느님의 뜻입니다. 따라서 자기중심적인 모든 바람들은 그보다 뒤로 물려야 합니다.

제5장

결정은 책임의 무게를
지는 것입니다

결정과 책임

결정은 책임의 무게를 지는 것입니다

우리는 자신의 결정으로 일어난 결과에 대해서 책임을 집니다. 그러나 그 결과를 책임지기 싫어서 결정하기를 꺼려하는 이들이 많습니다. 무엇을 하겠다고 결정을 내리는 순간부터 그에 대한 책임 또한 져야 하기 때문에 그들은 차라리 관찰자라는 수동적인 역할에 머무르고 싶어 하지요.

사회학자인 막스 베버는 신념 윤리와 책임 윤리를 구분했습니다. 곧, 사람은 고결한 신념을 지녀야 할 뿐만 아니라, 언제나 행동과 그에 따르는 결과들에 대해서도 책임을 져야 한다는 것이지요.

독일의 생태 철학자인 한스 요나스는 '책임'을 자신이 연구하는 철학의 중심 주제로 삼았으며, 그러한 자신의 철학을 《책임의 원칙》이라는 책에 담았습니다. 그의 연구의 핵심은 사람은 본성적으로 책임을 지닌 존재이며, 그 책임은 응답과 관련이 있다는 것입니다. 사람은 하느님의 부르심에 자신의 삶을 통해 응답합니다. 또한 책임은 한 사람이 지닌 개성과도 관련이 있습니다. 결국 사람은 다른 사람의 질문에 자신만의 응답을 하며, 궁극적으로는 하느님의 질문에도 자신만의 응답을 해야 하는 것이지요.

우리는 책임감을 갖고 피조물을 대해야 한다고 말합니다. 그 말은 창조주 하느님이 우리에게 각별한 애정을 갖고 피조물을 돌보라는 임무를 주셨고, 우리는 그에 대한 책임을 져야 한다는 것을 뜻합니다.

구약 성경에서는 세 가지 근본적인 질문을 던져 우리의 응답을 요구합니다.

첫 번째는 하느님이 아담에게 하셨던 "너 어디 있느냐?"(창세 3,9)라는 질문입니다. 이 질문은 '우리가 어디에 있는가?' 또는 '우리가 그렇게 행동한 이유가 무엇인가?'에 관한 것이지요. 첫 번째 사람인 아담은 하느님 앞에서 몸을 숨겼습니다. 그는 죄책감을 느꼈지만 자신의 행동을 책임지려 하지 않았지요. 그는 자신의 행위에 대한 책임을 하와에게 돌림으로써 책임져야 하는 상황을 회피한 것입니다. 이는 오늘날 우리도 잘 알고 있는 심리적인 방어 기제라고 할 수 있습니다. 이 기제를 쓰는 이들은 자신의 책임을 인정하지 않고 스스로를 피해자로 여기며 책임을 남에게 전가합니다. 또는 자신의 행동에 책임을 지는 대신 다른 사람의 탓으로 잘못을 돌리려 하지요.

두 번째 질문은 하느님이 자기 동생 아벨을 죽인 카인에게 물으셨던 것입니다. "네 아우 아벨은 어디 있느냐?"(창세 4,9) 이에 카인은 대답을 회피합니다. "모릅니다. 제가 아우를 지키는 사람입니까?"(창세 4,9) 하느님은 그런 카인에게 동생에 대한 책임뿐만 아니라 동생을 대하는 그의 태도에도 책임이 있음을 일깨우십니다. 그러나 카인은 자신의 책임을 받아들이지 않았고, 그 결과 그는 정처 없이 세상을 떠돌게 되었습니다. 그는 더 이상 안정을 찾을 수 없고, 그의 양심은 그에게 평온을 허락하지 않게 된 것이지요. 이처럼 자기 형제자매에 대한 책임을 저버리는 사람은 한곳에 정착할 수 없게 됩니다. 자기 스스로 그들과 관계를 끊어 버렸기 때문에 그렇게 그는 고립된 것이지요. 사실 그가 형제자매와 관계가 끊겼기 때문에 소외감을 느꼈고, 결국에는 자기 자신에게서, 그리고 행동의 결과에서 도망치게 된 것이라고도 볼 수 있습니다.

하느님이 인간에게 하신 세 번째 질문은 파견에 관한 것입니다. 하느님이 이사야 예언자에게 물으셨습니다. "내가 누구를 보낼까? 누가 우리를 위하여 가리오?"(이사 6,8) 이사야 예언자는 이 질문에 응답할 준비가 되어 있었습니다. "제가 있지 않습니까? 저를 보내십시오."(이사 6,8) 예레미야 예언자는 하느님의 부르심을 거역했습니다. "아, 주 하느님 저는 아이라서 말할 줄 모릅니다."(예레 1,6) 그러나 하느님은 그의 변명을 받아들이지 않으셨습니다. "'저는 아이입니다.' 하지 마라. 너는 내가 보내면 누구에게나 가야 하고 내가 명령하는 것이면 무엇이나 말해야 한다. 그들 앞에서 두려워하지 마라. 내가 너와 함께 있어 너를 구해 주리라. 주님의 말씀이다."(예레 1,7-8)

우리는 우리를 부르시는 하느님께 응답해야 할 책임이 있습니다. 다시 말해 우리는 자기 자신과 자신의 삶에 대한 책임뿐만 아니라, 우리를 이 세상에 파견하시고 이 세상을 함께 건설할 사명을 주신 하느님의 부르심에 응답할 책임이 있다는 것이지요. 결정을 내릴 때마다 우리는 그 결정으로 인한 결과에 책임을 집니다. 한스 요나스는 자기 행동의 결과에 대해서 스스로 책임져야 할 뿐만 아니라, 앞날을 예견하여 이 세상에 대한 책임도 져야 한다고 말했습니다. 결정을 내릴 때마다 앞을 내다보며 우리의 결정이 자신뿐만 아니라 이웃과 주위 환경에 어떤 결과를 가져올지 생각해야 한다는 것이지요. 그리고 다음과 같은 원칙을 제시했습니다. "여러분이 행한 행동의 결과들이 지상에서 인간다운 삶이 지속되는 것을 막지 않도록 행동하십시오!"

한스 요나스는 모든 책임에 모범이 되는 형태로 부모의 책임을 꼽았습니다. 부모는 자녀의 몸과 마음, 지금의 안녕 그리고 미래의 성장까지 자녀에 관한 모든 것을 책임집니다. 또한 부모는 자녀의 훈육과 그로 인해 형성되는 인격, 지식과 행동에 대해서도 책임을 지지요. 이렇게 책임지는 모습은 우리가 내리는 모든 결정에도 똑같이 해당하는 것입니다. 우리는 현재뿐만 아니라 미래에 대해서도 책임을 져야 한다는 것이지요.

또한 우리는 자신의 몸과 마음에 대해 책임질 뿐만 아니라, 주변 사람들에 대해서도 책임을 집니다. 물론 이러한 책임에는 한계가 있지요. 왜냐하면 우리는 우리가 내린 결정에 대해서만 책임을 지기 때문입니다. 주변 사람들이 우리의 행동을 보고 어떤 결정을 내린다면, 그 결정은 그들의 책임이라 할 수 있지요. 그럼에도 불구하고 주변 사람들의 결정까지도 모두 자신의 책임으로 돌리는 사람들이 있습니다. 그들은 그렇게 자기 자신에게 과도한 부담을 지웁니다.

모든 책임이 자신에게 있다고 느끼는 이들 중에는 특히 맏이인 사람들이 많습니다. 그들은 가정에서 동생들을 책임져야 한다고 배웠으며, 그 때문에 동생들을 줄곧 보살펴 왔습니다. 그렇게 자란 그들은, 자신의 주변 사람들도 자신이 모든 일을 돌봐 줘야 한다고 생각하기 쉽습니다. 그러나 그들의 주변 사람들은 스스로 자신의 행동에 책임을 지는 어른이라는 점을 잊지 말아야 합니다. 따라서 다른 이들에 대한 책임을 느끼더라도, 그 모든 책임이 자신에게 있다고 생각하지 말아야 합니다. 자신이 다른 이들에게 느끼는 책임이 그들의 책임과 무엇이 다른지, 어떤 경우에 그들에게 책임을 돌려야 하는지 등을 생각해 봐야 합니다.

자신의 결정이 가져올 결과에 대한 두려움 때문에 쉽게 결정을 내리지 못하는 사람들도 많습니다. 그들은 자신의 결정으로 인해 발생할 예상치 못한 결과를 책임지게 될까 봐 두려워하지요. 자신의 결정이 자기 자신뿐만 아니라 주변 사람들에게 해를 끼치게 되는 것이 두려워 결정을 내리지 못하는 것입니다.

그러나 결정을 피하는 태도는 누구에게도 도움이 되지 않습니다. 만약 회사의 관리자가 결정을 내리지 않고 일이 제멋대로 진행되도록 놔둔다면, 그 피해는 결국 직원들에게 돌아갈 것이며 회사의 발전을 막을 것입니다. 이는 가정에서도 마찬가지입니다. 부모가 자녀의 일에 대해 아무런 결정도 내리지 않으면 자녀는 책임지는 태도를 배우지 못할 뿐더러 전혀 성장할 수 없게 됩니다. 부모가 자녀의 뜻과 반대되는 결정을 내리는 경우, 자녀는 부모에게 반항할 수도 있고 그 결정을 그냥 받아들일 수도 있지요. 그러나 부모가 아예 아무런 결정도 내리지 않는다면 그 가족은 옳고 그름의 한계가 없는 영역에서 사는 것이라 할 수 있습니다. 그런 환경에서 자란 자녀는 어떤 삶의 형태도 갖추지 못하게 됩니다.

물론 결정 여부와는 상관없이 성장하는 것도 있습니다. 하지만 공동체, 회사, 사회의 일들은 결정하지 않으면 대부분 성장이 멈추게 됩니다.

역사적으로도 지도자들이나 군사 지휘관들이 직관적인 결정을 통해 나라의 미래를 결정했던 사례들을 볼 수 있습니다. 1990년, 동독이 국경을 개방하고 베를린 장벽이 붕괴되었을 때 당시 서독의 총리였던 헬무트 콜은 그것을 기회로 통일이라는 신속한 결정을 내려, 세계의 정치 상황에 커다란 영향을 미쳤습니다. 이처럼 때로는 한 사람의 직관이나 누군가가 확립한 이론이 세계의 미래를 결정합니다. 마케도니아의 필립 임금과 알렉산더 대왕이 직관적인 결정을 하여 세계 정세의 판도를 바꿔 놓았고,

레닌과 카를 마르크스가 자신들이 확립한 이론을 통해 세계의 미래에 영향을 끼친 것처럼 말이지요. 물론 이론에도 결정, 곧 그들의 마음에 자리 잡은 생각들을 기록하고 세상에 알리려는 결정이 들어 있다고 할 수 있습니다.

결국 우리의 생각과 행동은 모두 세상에 영향을 끼칩니다. 아인슈타인은 "한 번 내뱉은 말은 더 이상 돌이킬 수 없다."라고 말한 바 있습니다. 말은 사람들의 생각뿐만 아니라 사회에도 영향을 끼치기 마련입니다.

우리의 일상적인 결정들도 우리의 주변에 영향을 끼칩니다. 어떤 선택을 한다는 것은 자신에게만 영향을 끼치는 것이 아니라, 자신과 주변 세계, 결국 나아가 온 세상에 영향을 끼칩니다. 따라서 어떤 행동이나 생각, 감정의 선택과 같은 일상에서의 결정들로 우리는 결국 자기 자신에 대한 책임뿐만 아니라 이 세상에 대한 책임을 지게 됩니다.

마찬가지로 책임을 진다는 것은 우리가 결정을 통해 이 세상에 영향을 끼치게 된다는 것을 의미합니다. 공격적이고 파괴적인 생각들이 우리를 지배하게 놔두는 태도와 자신의 마음과 하나가 되려고 노력하는 태도가 같은 결과를 가져올 수는 없지요. 우리라는 존재와 우리가 하는 모든 행위는 이 세상에 흔적을 남기고 영향을 끼칩니다. 즉 우리는 생각과 행위를 통해 언제나 다른 사람들과 관계하고 있는 것이지요.

우리의 사명은 이 세상에 더욱 인간미와 사랑이 넘치도록 만드는 것입니다. 이 사실을 이미 알고 있던 고대 그리스의 작가 소포클레스는, 비극 《안티고네》에서 극중 인물인 안티고네의 입을 통해 사람이 지닌 책임에 관해 이렇게 말했습니다. "우리는 서로 미워하기 위해서가 아니라 사랑하기 위해 태어났어요."

우리도 이와 같은 선택을 해야 합니다. 그렇게 할 때에만 우리에게 행복이 흘러나옵니다. 우리가 증오를 선택한다면 우리에게 불행이 흘러나와 이 세상으로 들어갈 것입니다.

제6장

결정에는
자기만의 의식이 필요합니다

결정과 의식

결정에는 자기만의 의식이 필요합니다

　우리는 매일 언제 일어날지, 일어난 뒤에는 무엇을 할지, 아침 식사로 무엇을 먹을지, 그날 어떤 일을 할지 등을 결정합니다. 그런데 끊임없이 이런저런 결정을 내려야 하는 상황을 부담스럽게 느끼는 이들이 많습니다. 그럴 때 일정한 틀을 정해 놓고 그에 따라 생활한다면, 계속 결정해야 한다는 부담을 어느 정도 덜 수 있을 것입니다.
　이처럼 의식儀式은 우리의 일상에 구조적인 역할을 합니다. 매일매일 하는 일들이 의식처럼 굳어져 있다면, 우리는 언제 일어나고 하루를 어떻게 시작할지 매일 새롭게 결정하지 않아도 됩니다. 그런데 이러한 의식이 공허한 행위가 되기 쉽다고 생각하는 이들이 많습니다. 정해 놓은 틀에 따라 살게 되면 생활이 무미건조해지고 꼭 필요한 결정들도 건너뛰게 된다는 것이지요. 물론 어느 정도 일리가 있는 생각입니다. 그래서 우리는 의식처럼 반복되는 일상과 새로운 결정을 내리는 일상 사이에서 균형 있는 삶을 추구해야 합니다.

만약 매 순간 이런저런 결정을 내려야 한다는 압박감을 덜고 싶다면, 의식을 선택해야 합니다. 그러나 의식은 우리가 삶에 꼭 필요한 결정을 내리지 않고 매일매일 그저 똑같은 삶을 살도록 이끌기도 하기 때문에, 때로는 공허한 행위가 되기도 하지요.

어떤 이들은 의식儀式이 사람들을 의식意識 없는 삶으로 이끈다고 생각합니다. 의식儀式을 따를 때 모든 일을 늘 똑같이 처리한다고 보는 것이지요. 그러나 의식이 지닌 가치를 똑바로 볼 필요가 있습니다. 의식은 우리가 스스로 자신의 삶을 결정하고 자신의 삶에 뚜렷한 형태를 부여하도록 도움을 주기 때문이지요. 성장하기 위해서는 일정한 틀이 필요하고, 틀이 없으면 성장도 없습니다.

우리는 이러한 의식 안에서도 결정을 내려야 하는 상황들을 끊임없이 마주합니다. 아침에 명상을 하려고 자리에 앉았는데 도움을 요청하는 친구의 목소리나 자녀의 울음소리가 들린다면, 우리는 자신이 행하는 의식이 더 중요한지 아니면 친구나 자녀가 더 중요한지 결정을 내려야 합니다. 만약 명상을 하려고 이미 자리에 앉았다면 그 시간에 전화기를 꺼 놓는 등 충분히 다른 사람에게 방해받지 않고 명상을 할 수 있는 방법이 있습니다. 사람은 누구나 방해받지 않는 혼자만의 시간을 갖고 싶어 합니다. 그러나 그런 시간에도 혼자만의 시간을 방해받고 싶지 않은 마음과 의도하지 않은 여러 가지 상황 사이에서 조화를 추구해야 합니다.

떼제 공동체의 원장 로제 슈츠 수사는 생전에 이따금 전통적인 수도회가 지닌 의식들과 확고한 전통들을 부러워한 적이 있었다고 자주 말했습니다. 그런 의식들과 전통들이 있다면 수도 생활이 한결 수월할 것이라는 생각이었지요. 그러면서 떼제 공동체의 수사들이 공동생활을 이뤄 갈 방침에 대해 매일 새롭게 결정을 내려야 했던 것이 매우 힘든 일이었다고 덧붙였습니다.

때때로 뮌스터슈바르차흐 대수도원을 방문하는 사람들은 우리 수사들과 함께 생활하는 가운데 수도 생활이 지닌 확고한 리듬이 자신에게 얼마나 유익한지를 느끼게 됩니다. 그 리듬은 무미건조하게 반복되는 삶이 아니라 틀이 잡힌 삶을 의미합니다. 그러나 그처럼 틀에 따른 삶을 살더라도 우리는 끊임없이 결정을 내려야 합니다. 자신의 일상을 구체적으로, 그리고 어떤 모습으로 살겠다는 결정들을 끊임없이 내려야 하는 것이지요. 이와 더불어 우리는 생명과 기쁨을 선택하고 자신이 피해자라는 생각을 비롯해 우리에게 흘러드는 모든 부정적인 느낌들을 거부해야 합니다.

우리는 의식을 통해 꼭 내려야 하는 삶의 근본적인 결정을 내릴 수 있는 여지를 마련합니다. 의식은 비교적 단순한 의사 결정이 필요한 외적인 일에 대한 부담을 덜어 줌으로써 인생에서 더 중요한 일을 수행할 힘을 선사합니다. 일정한 틀대로 산다는 것은 우리가 능동적인 삶을 살고, 다른 사람의 지시가 아니라, 자신의 뜻에 따라 살겠다는 결심과 같습니다. 저는 중요한 일을 할 때면 평소보다 더 외적인 일에 몰두하게 되는 경우가 많았습니다. 그러나 의식을 통해 외적인 일에서 벗어날 수 있을 뿐만 아니라, 중심을 잡고 해야 할 일을 할 수 있게 되었습니다.

때때로 우리가 내리는 결정은 누군가 우리에게 묻는 질문에 관한 답변을 의미하기도 합니다. 물음에 대해 신속하게 답하는 일은 기술에 가까우며, 그러한 기술은 삶에서 유용하게 쓰일 수 있지요. 그러나 우리는 끊임없이 결정을 내려야 하는 상황으로 인해 때로는 피곤함을 느끼기도 합니다. 그럴 때 정해 놓은 틀에 따라 살다 보면, 다시 마음이 가벼워지고 직관적으로 행동할 수 있게 되지요. 그러면 압박감을 줄이고 여러 가지 소소한 물음에 관해 신속한 대답을 할 수 있습니다.

의식은 매일 내려야 하는 여러 가지 결정에 대한 부담을 덜어 줄 뿐만 아니라, 도움을 주기도 합니다. 수도원에는 구성원이 결정을 내려야 하는 상황을 위해 정해진 절차가 있습니다. 예를 들어 제가 속한 수도원에서는 수련자의 서원이나 건축 계획의 승인, 새로운 직무의 수용 등의 일을 형제들 모두가 함께 결정해야 할 사항으로 정해 두고 있지요.

결정을 내려야 할 일이 생기면 아빠스는 전체 회의를 소집하고 그 일을 안건으로 제시합니다. 그리고 나서 다 같이 그에 관해 논의합니다. 이어서 비밀 투표가 진행되는데 각 구성원들은 한 장의 투표용지를 받습니다. 그곳에 '찬성'이나 '반대'를 표기한 후, 투표함에 넣습니다.

이처럼 국가를 비롯한 모든 집단들은 일정한 절차에 따라 선거를 치릅니다. 선출된 사람은 결과를 수락하겠느냐는 질문을 받지요.

우리의 결정들을 돕는 또 다른 형태의 의식도 있습니다. 이따금 우리는 "우선 하룻밤 자고 생각해 볼 거야."라며 결정해야 할 기한을 정하거나, 기도를 통해 응답을 얻으려 합니다. 그런 행위들도 의식에 포함되지요. 때때로 중요한 문제가 생기면, 고요한 곳을 찾아가 기도하거나 다른 사람에게 기도를 청하는 등 일정한 의식을 거치지 않고는 결정하지 않으려는 사람도 있습니다.

누군가 전화로 문의를 해 왔을 때, 즉시 대답하지 않고 "생각해 보고 내일 답변을 드릴게요."라고 말하는 것도 일종의 의식이라 할 수 있습니다. 수락이나 거절의 이유를 밝히지 않고 그저 "수락합니다." 또는 "거절합니다."라고 말하는 것도 답변하는 의식에 속한다고 할 수 있지요. 자기 의견의 정당성을 밝히려고 하면 대화가 길어지기 마련입니다. 반면에 정형화된 답변은 상대방에게 오히려 명쾌한 인상을 줄 수 있고, 자신이 상대방에게 생각지도 않은 말을 하지 않도록 보호해 줍니다.

옛날 사람들은 이성만으로는 결정을 내리기 어려운 경우에 제비뽑기를 했습니다. 이는 정해진 결정을 하늘에 맡긴다는 의지를 표현하는 것이기도 합니다. 사도들도 유다 이스카리옷의 자리를 대신할 사람을 결정할 때 제비를 뽑았지요. 그런데 그들은 제비를 뽑기 전에 하느님께 기도드렸습니다. "모든 사람의 마음을 아시는 주님, 이 둘 가운데에서 주님께서 뽑으신 한 사람을 가리키시어, …… 이 직무, 곧 사도직의 자리를 넘겨받게 해 주십시오."(사도 1,24-25)

오늘날의 사람들은 결정에 앞서 특별한 의식을 치르기도 합니다. 어떤 이들은 수도원에 입회하거나 누군가와 결혼하거나 이직을 하는 등 일생의 큰 결정을 내리기에 앞서 산티아고로 순례를 떠나기도 합니다. 또 어떤 이들은 의미 있는 다른 지역을 순례하거나, 명쾌한 답변을 얻을 수 있기를 기원하며 성당에 초를 봉헌합니다. 또 어떤 이들은 머릿속을 비우기 위해 산책을 하지요.

우리가 어떤 결정을 내리기까지 별로 시간이 걸리지 않는 경우도 종종 있습니다. 물론 그 반대의 경우도 있지요. 그럴 때에는 하던 일을 잠시 멈추고 자기 마음에 귀를 기울여 보는 것이 도움이 됩니다. 우리 모두는 각자 자기만의 의식을 갖고 있습니다. 그러한 의식은 마음 깊은 곳에서 올바른 결정을 내릴 수 있다는 스스로에 대한 믿음이 자라도록 합니다.

결정을 문서로 작성하는 의식도 있습니다. 혼인 신고가 바로 그러한 의식들 가운데 하나입니다. 교회에서 하는 혼인성사는 그보다 더욱 진지한 의식이라 할 수 있습니다. 혼인성사는 배우자를 선택한 마음이 외적인 의식을 통해 표현되고 그 자리에 함께한 증인들과 하객들 앞에서 문서로 기록됩니다. 그러한 의식은 단순히 외적인 행사에 불과한 것이 아닙니다. 부부 상담 전문가인 한스 옐루셰크는 이렇게 말했습니다. "상징적이며 공적인 의식은 부부의 결정이 실현된 형태로 볼 수 있다. 이러한 의식을 통해 새로운 인생의 단계로 접어들었음이 분명해진다. 따라서 공동체 안에서 공적으로 거행되는 의식은 매우 큰 가치를 지니고 있다."

사제 서품식이나 아빠스 서품식, 시장이나 장관의 취임식처럼 공적으로 선출하거나 선택하기 위한 의식들도 이와 비슷한 의미를 갖는다고 할 수 있습니다.

의식은 사람이 자기 인생을 위해 내렸던 결정을 끝까지 책임지는 데 필요한 에너지를 선물해 줍니다. 또한 의식은 현실과 안정감을 줄 뿐만 아니라 의식을 지켜보는 사람들에 대한 책임감도 느끼게 합니다. 그래서 의식의 당사자는 자연스럽게 이렇게 생각합니다. '나는 이제 이 역할과 임무를 선택했어. 그러니 이에 대한 책임도 질 거야.'

제7장

매 순간마다
다른 선택을 해야 합니다

여러 가지 결정의 유형

매 순간마다 다른 선택을 해야 합니다

결정에는 여러 가지가 있습니다. 우선 인생과 관련된 중대한 결정들이 있는데, 그러한 결정들은 일생에 걸친 책임이 따르므로 오랫동안 숙고해서 결정해야 합니다. 그런가 하면 일하는 동안 끊임없이 선택해야 하는 업무적인 결정들도 있습니다. 그 밖에도 부부로서 내려야 하는 결정, 어디를 가기 위해 어떤 교통 수단을 이용할 것인가에 관한 결정, 이런저런 사항을 말하거나 수행하는 것에 관한 결정 등 일상에서 끊임없이 마주하게 되는 결정이 있습니다. 또한 생명과 관련된 결정도 있는데, 그런 결정은 근본적으로 특정한 가치관을 선택하는 일이라 할 수 있습니다.

이 장에서는 여러 가지 결정의 유형에 대해 좀 더 자세히 살펴보고자 합니다.

인생과 관련된 결정

인생과 관련된 결정은 아무런 준비 없이 즉각적으로 내릴 수는 없습니다. 이런 결정에는 시간이 필요하며, 미래를 책임지는 일과 관련이 있습니다. 예를 들어 결혼과 독신을 선택하는 것 사이에는 커다란 차이가 있습니다. 한 사람의 미래는 그 사람과의 결혼을 선택하느냐 아니면 그 사람과 헤어지고 다른 가능성을 찾느냐에 따라 달라지기 때문입니다. 몇 년 동안 해외에서 일을 하거나 봉사 활동을 할지, 대학에서 무엇을 전공하고 장차 어느 분야에서 일을 할 것인지에 관한 결정도 인생과 관련된 결정이라 할 수 있습니다. 그런 결정을 내릴 때에는 신중함이 필요하지요.

그런데 이미 앞서 말한 것처럼 인생과 관련된 결정을 기피하는 사람들이 있습니다. 그런 사람들은 "난 수도원에 입회하고 싶지만 아직은 때가 아닌 것 같아. 지금은 부모님을 돌봐야 하거든." 등의 이유를 둘러댑니다. 그러나 그들의 말은 제게 변명처럼 들릴 뿐이지요. 그렇게 말하는 사람은 대개 결정을 잘 내리지 못합니다. 이와 관련하여 예수님은 당신을 따르겠다고 하면서도 먼저 자기 아버지의 장례를 치르게 해 달라고 청했던 젊은이에게 이렇게 말씀하셨습니다. "죽은 이들의 장사는 죽은 이들이 지내도록 내버려 두고, 너는 가서 하느님의 나라를 알려라."(루카 9,60)

입회에 대한 결정을 못 하는 사람들 중에는 부모에 관한 문제로 고민하는 사람이 많습니다. 그러나 그들이 자유로이 결정할 수 있게 되었을 때에는 이미 기회가 사라져 버린 경우가 대부분이지요.

인생과 관련된 결정은 제각기 그에 적합한 시기에 내려야 합니다. 그 시기를 놓치면 삶이 결정되어 버리지요. 그렇게 외부의 영향에 의해 삶이 결정되어 버리면, 능동적인 삶이 아닌 수동적인 삶을 살게 됩니다.

어떤 이들은 자기가 원하는 결정을 선택할 엄두를 내지 못합니다. 그들은 부모를 봉양해야 하거나, 가족들을 보살펴야 하는 상황일 수 있습니다. 물론 많은 사람들이 이러한 상황에 대해 공감할 수 있겠지만, 결국 선택받지 못한 개인의 꿈은 사라져 버린다는 것을 염두에 둬야 합니다. 그럴 때에만 자신의 선택에 대한 책임을 일생 동안 훌륭하게 짊어질 수 있지요. 그렇지 못한 경우, 원하는 결정을 하지 못한 탓을 의식적으로나 무의식적으로 부모나 다른 가족에게 돌리게 될 것입니다.

결정을 내릴 때마다 그 결정으로 인해 져야 할 책임은 무엇인지 명확히 알아야 합니다. 또한 그 결정으로 인해 어떤 가능성들을 포기하게 되는지도 명확히 인식해야 합니다. 그런 경우에만 자신의 선택에 마음을 다해 헌신할 수 있습니다.

자신의 미래를 결정해야겠다고 생각하면서도 그저 안전한 선택만 하려는 사람들도 있습니다. 그들은 부모에게 자신의 결정이 올바르다는 것을 설득하고, 결정을 내리기에 앞서 친구들로부터 동의를 얻고자 하는 등, 주변에서도 인정하는 선택을 하려는 경향이 있지요.

루카 복음사가는 예수님을 따르겠다고 하면서도 다음과 같이 말했던 한 청년에 관한 이야기를 통해 그러한 상황을 제시하고 있습니다. "주님, 저는 주님을 따르겠습니다. 그러나 먼저 가족들에게 작별 인사를 하게 허락해 주십시오."(루카 9,61)

우리는 청년의 말에서 그가 자신의 결심에 대해 가족의 동의를 얻으려 했다는 것을 엿볼 수 있습니다. 청년은 자신이 걷고자 하는 길이 하느님이 이끄시는 올바른 길이라 여기면서도, 동시에 그 길에 대해 친구들과 친척들의 지지를 얻고자 했습니다. 그러자 예수님은 청년에게 매우 단호하게 말씀하셨지요. "쟁기에 손을 대고 뒤를 돌아보는 자는 하느님 나라에 합당하지 않다."(루카 9,62) 예수님은 이 말씀을 통해 우리가 자신의 결심을 믿도록 가르치시는 것입니다. 올바른 결정이라는 것을 마음으로 느낄 수 있다면, 여기저기에서 동의를 구할 필요 없이 결정을 내리라는 것이지요.

때때로 우리의 결정이 주변 사람들의 이해나 동의를 이끌어 내지 못할 수도 있습니다. 그런 까닭에 결정은 우리를 외롭게 만들거나 몸담고 있는 공동체와 멀어지게 만들기도 하지요. 그럼에도 불구하고 내적인 원의가 매우 뚜렷하다면 우리는 그 원의를 따라야 합니다.

또한 결정을 내리려면 앞을 바라봐야 합니다. 계속 뒤를 돌아보며 어떤 결정이 옳았는지 거듭 검토하려 한다면 앞으로 가야 할 길을 똑바로 갈 수 없습니다. 쟁기를 잡고 뒤를 돌아보면 땅이 구불구불해지는 것처럼 말이지요. 오로지 과감하게 앞을 바라보고 나아갈 때에만 인생이라는 밭에 뚜렷하고 깊은 자국을 남길 수 있습니다. 인생의 중대한 결정들을 앞두고 다른 사람의 조언을 구하는 것도 좋은 방법이지만 절대로 상담자나 조언자에게 결정을 맡겨서는 안 됩니다. 그들은 그저 자신의 시각과 느낌을 우리에게 전달할 뿐이기 때문이지요. 결국 결정은 자기 스스로가 내려야 합니다.

모든 일에는 결단을 내려야 할 순간이 있습니다. 그러나 당장은 수도원에 입회할지 아니면 결혼을 할지, 결혼한다면 지금의 여자 친구와 할지 아니면 다른 상대를 찾아야 할지에 대해 어느 한 가지 결정을 전적으로 확신할 수는 없을 것입니다. 따라서 그러한 문제에 대해 충분히 숙고하고, 올바른 결정을 위해 기도하며, 다른 사람들에게 조언을 구해야 합니다.

그러나 이때 다른 이에게 "너라면 어떤 결정을 내릴 거야?"라고 물어서는 안 됩니다. 오히려 스스로 어떤 이유에서 그런 결정을 내리려고 하는지 생각해 봐야 합니다. 그를 통해 우리는 자신의 결정 동기를 직면할 수 있습니다. 예를 들면 수도자가 되겠다는 결심 이면에 세상에 대한 두려움이나 이성 관계에 대한 두려움이 숨어 있지는 않은지에 관해 질문을 받을 수 있습니다. 어쩌면 결혼을 결심하거나 포기한 이유가 무엇인가에 관한 질문을 받을 수도 있지요. 혼자 사는 것이 두려워서 결혼하겠다는 것인지, 다른 사람에게 자신의 모습을 있는 그대로 받아들이라고 할 자신이 없어서 결혼을 포기하는 것은 아닌지, 혼자 살고 싶지는 않지만 그렇다고 구속받기는 싫어서 그런 것은 아닌지와 같은 질문 말이지요.

혼자서만 고민하다 보면 앞으로 나아가지 않고 그저 제자리에서 맴도는 경우가 자주 있습니다. 그럴 때 우리에겐 새로운 시각을 제시해 줄 누군가가 필요하며, 그를 통해 우리는 자신의 동기와 생각을 더욱 명확하게 판단할 수 있게 됩니다.

특히 인생을 바꿀 수도 있는 중요한 결정을 할 때에는 찬성과 반대의 이유를 모두 살펴봐야 합니다. 그렇게 하면 찬성하는 이유는 무엇이고 반대하는 이유는 무엇인지, 그리고 어느 쪽에 관한 이유가 더 많은지를 알 수 있습니다. 그러나 이때에는 이성적인 이유들만 따져 볼 것이 아니라, 더 넓은 관점에서 봐야 합니다.

그다음 단계로 우리는 자신의 결정 동기를 찾아봐야 합니다. 내가 선택하는 이유는 무엇일까? 나를 앞으로 나아가게 만드는 원동력은 명예욕인가 아니면 마음으로 느낀 당위성일까? 아니면 새로운 것에 대한 호기심이나 모험심일까? 이 모든 것들은 우리를 결정으로 이끄는 이유가 될 수 있습니다.

우리는 주로 한 가지 이유만 갖고 결정을 내리지는 않습니다. 결정을 할 때에는 언제나 여러 가지 이유가 복합적으로 작용하기 때문이지요. 따라서 앞에서 이야기한 결정 동기들 가운데 어느 것이 주된 동기이며 그것이 정말 결정의 이유가 되는지 곰곰이 생각해 봐야 합니다. 그리고 나서야 우리는 자신의 결정 동기에 대해 하느님과 대화할 수 있습니다. 그리고 그 결정 동기가 하느님의 뜻과 일치하는지, 또 하느님과의 대화를 통해 그분이 관여하실 수 있는 여지를 마련하고 있는지, 아니면 그저 자기 결정의 정당성만을 주장하는 것은 아닌지 점검해야 합니다.

예를 들어 어떤 결정의 주된 동기가 자신의 명예욕과 관련되어 있다 할지라도, 명예욕을 위한 결정을 내리는 것이 오히려 자신에게 유익한 경우도 있습니다. 자신의 영향력이 커질수록 더 많은 일을 할 수 있고, 자신의 커진 권한을 더욱 유익하게 사용할 수도 있기 때문입니다. 그러나 이때 반드시 해야 할 것은 우리의 명예욕이나 과시욕, 권력욕 속에서도 하느님이 활동하실 여지를 마련하는 것입니다. 우리가 결정을 내릴 때에 우리의 명예욕과 과시욕, 권력욕이 일정 부분 관여한다는 것을 인정하고, 다른 한편으로 하느님이 개입하실 여지를 마련하기 위해 노력해야 합니다. 그리고 자신이 아니라 하느님의 나라가 드러나기 위해, 또 자신을 통해 하느님이 더 많은 일을 더 효과적으로 하실 수 있게 하려면 어떻게 해야 할지 숙고해야 합니다.

저는 업무와 관련된 결정을 내리는 데 어려움을 느끼는 신자들을 많이 만났습니다. 그들 중에는 회사에서 승진 제안을 받았음에도 하위 직급에 머물러 있기를 바라는 이도 있었지요. 그는 출세에 눈이 멀게 될까 봐 두려운 나머지, 차라리 낮은 자리에 계속 머무르기를 바랐던 것입니다. 또 승진으로 인해 감당해야 할 책임이 부담스러웠을 것입니다.

그렇다고 해서 출세 자체가 나쁜 것은 아닙니다. 출세는 더 큰 책임을 지는 만큼 그로써 더 많은 일을 할 수 있음을 의미하기 때문이지요. 더 많은 권한을 갖게 되면, 그 권한을 이웃의 행복을 위해 더 많이 사용할 수 있겠지요. 우리는 출세로 인한 권한을 거부하기보다는 그 안에서 예수님의 영이 활동하실 수 있는 여지를 마련해야 합니다. 우리는 예수님의 영에 힘입어 그 권한을 이용해 이웃에게 봉사해야 합니다.

기도와 침묵과 같은 여러 가지 방법을 사용한다고 생각할 때, 그에 따라 달라지는 느낌을 살펴보는 것 등 앞에서 말한 여러 가지 방법은 우리가 인생과 관련된 결정을 내리는 데 도움을 줍니다. 어떤 방법을 사용하든지 언젠가는 결정을 내려야 할 순간이 다가오지요. 다시 한번 강조하건대, 우리의 결정을 일생 동안 미룰 수는 없다는 것을 명심해야 합니다. 또한 지금의 결정이 우리를 앞으로 나아가게 해 준다는 믿음을 가져야 합니다. 이는 우리의 결정이 행복한 결과를 가져올지를 따져 보라는 말이 아닙니다. 그보다 중요한 것은 우리가 그 길 위에서 내적으로 성장한다는 사실과, 그 길이 우리를 점점 더 본연의 진실, 곧 하느님이 본래 의도하셨던 우리의 유일무이한 모습으로 이끄는 변화의 길임을 깨닫는 것이지요.

부부 사이의 결정

간혹 배우자 중 한 사람이 결정을 꺼리기 때문에 부부 관계가 위기에 빠지는 경우를 보곤 합니다. 그런데 그런 일은 일상적인 결정을 하는 상황에서 비롯될 때가 많지요. 이에 관해 어떤 남자가 자신의 자동차에 관해 상담했던 사례가 있습니다. 그 남자는 자신의 차를 팔고 싶다고 말했습니다. 그러나 그는 그 말을 한 지 5년이 지나도록 차를 팔지 않았습니다. 그의 아내는 그런 남편을 계속 재촉했지만, 그는 결단을 내리지 못했습니다. 그러자 아내는 갈수록 활력을 잃어 갔습니다. 이처럼 남편이 결정을 내리지 못하는 상황 때문에 아내가 대신 결정을 내려야 할 때가 자주 있었지요.

결정을 내리지 못하는 배우자와 산다는 것은 매우 힘든 일입니다. 그런 배우자에게서는 책임감이나 확신을 느낄 수 없기에, 갈수록 그에게 아무것도 기대할 수 없게 됩니다. 때로 그가 어떤 것을 약속한다고 해도, 그는 약속을 지키기 위해 무엇인가를 선택하지는 않습니다. 예를 들면 그런 사람은 자기 아내와 더 많은 시간을 함께 보내기 위해 일을 줄이겠다고 약속하지만, 그 약속을 위해 어떤 일을 포기할지 결정하지 않습니다. 그런 경험이 반복되면 아내는 피곤함을 느끼고 나중에는 다투려는 마음까지 사라지게 됩니다. 결국 아내는 남편을 더 이상 신뢰하지 못하고 남편이 했던 약속들 가운데 어느 것도 기대하지 않게 되지요.

결정을 내리기 어려워하는 배우자가 있는가 하면, 모든 것을 혼자 결정하려는 배우자도 있습니다. 그들은 무엇을 살지, 휴가를 어디로 갈지, 주말에 무엇을 할지를 혼자 결정합니다. 그들의 그런 태도가 때로는 상대방에게 신뢰감을 주기도 합니다. 보통 남편이 이렇게 혼자 결정을 내리는 경우가 많은데, 대부분의 남자들은 업무상의 문제뿐만 아니라 부부 사이의 문제에 대해서도 자신이 주도적으로 결정을 내리는 것을 좋아하기 때문이지요.

그러다 어느 순간 아내는 자신에게 아무런 권한도 없음을 깨닫게 됩니다. 이제까지 남편이 그녀의 바람이 무엇인지 물어본 적이 없었기 때문에, 그녀는 남편이 자신의 일까지 결정한다는 느낌을 받을 수밖에 없습니다. 그러다 아내는 결국 남편의 결정에 반발하며, 부부 사이의 결정권을 공평하게 나눠 갖자고 말할 것입니다. 남편과 아내 모두 부부 사이나 가정의 문제들을 함께 결정한다고 느낄 때에만 좋은 부부 관계가 오래도록 유지될 수 있습니다. 그런 경우에만 부부가 서로 동등하다고 느끼기 때문이지요.

어떤 여성은 잘못된 타협을 하여 어느 누구에게도 만족스럽지 못한 결정을 내릴 때가 있다고 말했습니다. 우리는 자신이 한 타협이 잘못되었는지, 또는 자신이 타협한 대로 살 수 있는지 등을 스스로 알 수 있습니다. 이러한 자신의 느낌을 믿어도 괜찮다는 것이지요.

한스 옐루셰크는 부부 사이에서 둘 다 만족할 만한 결정을 내리기 위해 서로 번갈아 가며 정해 보라고 조언합니다. 예를 들어 평일 저녁 시간과 주말에 부부가 무엇을 하며 보낼지를, 한 주는 남편이 결정하고 그다음 주에는 아내가 결정하는 것이지요. 그 때마다 결정권이 없는 배우자는 상대방이 제안하고 결정한 대로 따릅니다. 그렇게 하면 어느 한쪽 주장으로 치우치지 않게 될 것이며, 그를 통해 다양하고 유익한 경험을 하게 될 것입니다. 이때 중요한 것은 배우자의 제안을 진심으로 따라야 한다는 것입니다. 이처럼 결혼한 사람이라면 누구나 부부 사이에서 결정을 내릴 때, 일상적인 것이라도 두 사람 모두의 의견이 존중되고 누구도 불이익을 당하지 않는 방안을 찾도록 노력해야 합니다.

그런데 결혼 생활이 이루어지기 위해서는 우선 배우자 선택이라는 근본적인 결정부터 해야 합니다. 오늘날에는 과거보다 배우자를 찾는 것이 훨씬 더 어려워졌습니다. 옐루셰크는 결혼을 일종의 생물학적 성장으로 보는 이론을 말하면서, 이렇게 생각하는 사람들이 증가하면서 오늘날 결혼에 이르는 것이 더 어려워졌다고 보았습니다. 즉, 사랑은 저절로 생기고 발전하는 것인데, 결혼이라는 선택은 그런 사랑을 방해하기만 할 뿐이라고 생각하는 이들이 늘었다는 것이지요. 옐루셰크는 그런 견해 속에 여러 가지 이념들이 녹아 있다고 생각했습니다. 과거에는 반드시 결혼해야 한다는 생각이 너무나 당연한 것이었고, 그런 풍조가 많은 이들을 고통으로 내몰기도 했기에 오늘날 사람들의 견해가 한편으로 일리가 있다고 생각한다는 의견을 덧붙였지요.

그런데 동거하는 남녀가 전혀 결혼할 생각을 갖지 않는 경우에는 지루한 감정뿐만 아니라 슬그머니 실망감이 싹트게 됩니다. 이에 대해 옐루셰크는 이렇게 말했습니다. "그들의 관계가 여전히 진지하다 할지라도 그들을 하나로 묶어 주는 것은 습관밖에 없다. 그들 사이에 좋지 않은 일이 일어났다거나 그들 중에 한 사람이 상대방에게 큰 상처를 주지 않았다 할지라도 그들의 관계는 어딘지 모르게 끝났다고 할 수 있다. 그들의 사랑은 시효가 지난 것이다."

옐루셰크는 사랑의 성장 과정과 의식적인 선택 사이에 대립 관계가 형성된다고 보지는 않았습니다. 그는 이렇게 말했지요. "결정을 내리고 확정하여 일정한 형태를 갖춰 나간다는 것은 사람이 발전해 나가기 위해 필요한 일일 뿐만 아니라, 부부 관계와 둘 사이의 사랑에 있어서도 꼭 필요한 일이다."

우리는 종종 무의식적으로 다른 사람의 의견에 동조하기도 하는데, 동조할 때에는 뚜렷한 의식을 갖고 하는 것이 바람직합니다. 이에 대해 옐루셰크는 이렇게 말했습니다. "내가 뚜렷한 의식과 의도를 갖고 다른 사람의 의견을 분명하게 선택할 때에만 비로소 나의 마음은 온전히 그에게 전달되며 나의 애정은 헌신으로 발전하게 된다."

또한 사람은 여러 가지 의미를 내포하고 있는 존재이므로 다른 사람과의 관계를 선택하는 일은 뚜렷한 의식을 가지고 이뤄져야 할 뿐만 아니라 가시적으로 이뤄져야 합니다.

어떤 남녀가 뚜렷한 의식을 지닌 상태에서 서로를 선택한다면 선택을 통해 그들 관계에 새로운 속성이 생깁니다. 그리고 그러한 결정이 공적인 의식을 거쳐 공표된다면 그들 관계에 큰 도움이 될 것입니다. 그러한 의식은 구속력을 지니지요. 오늘날엔 구속력을 부담으로 느끼는 젊은이들이 많지만, 처음부터 관계의 지속성과 구속력을 거부한다는 것은 그 관계에 몰두하지 않겠다는 의미이기도 합니다.

선택은 부부가 될 때에만 생각하는 것이 아닙니다. 대부분의 기혼자들은 한 번이라도 이혼을 생각하게 될 때가 있습니다. 그런 경우 결혼 생활을 지속할지 여부는 본인 스스로가 결정해야 하지요. 그런데 이 경우에도 그저 결정을 미루는 부부들이 있습니다.

예를 들면 아내가 있는데도 애인을 둔 남자가 있다고 가정해 봅시다. 그 사실을 알고 깊은 상처를 받은 아내는 남편에게 자신과 애인 가운데 한 사람을 선택하라고 요구합니다. 그러나 남편은 선택하지 않습니다. 그는 현재의 상황이 지속되길 바란 것이지요. 집에서는 여전히 충실한 아빠이자 나무랄 데가 없는 남편이고 싶어 하면서도, 한편으로는 원할 때마다 애인에게 갈 수 있는 자유를 바라는 것입니다. 그래서 그는 둘 중 한 사람을 선택하라는 부인의 요구에 반응을 보이지 않았습니다. 만약 아내가 결정을 내려야 하는 기한을 정해 남편에게 통보하더라도, 그는 아랑곳하지 않을 것입니다.

이런 상황에서는 결국 아내가 결정을 내려야 합니다. 어떤 부인은 남편의 짐을 싸서 현관문 밖에 내놓고 문 열쇠를 바꿔 버렸습니다. 자신은 결정을 중요하게 여긴다는 점을 남편에게 알리기 위해서였지요. 결정을 내리지 않고 미루면 부부는 서로에게 지치게 되고 관계는 더욱 나빠집니다. 당장은 고통스러울지 몰라도 분명한 결정을 내리는 것이 결정하지 않는 것보다 더 바람직합니다.

아이들이 어리기 때문에 아직은 이혼할 수 없다며 결정을 미루는 부부들도 많습니다. 그런데 이는 어느 정도 정당한 이유라 할 수 있습니다. 부모에게는 자녀에 대한 책임이 있고, 자녀의 행복도 부모의 행복과 똑같은 가치를 지녔기 때문이지요. 자녀를 함께 돌보고 가족의 울타리에서 보호하기 위해 이혼을 미루거나 아예 포기하는 것이 때로는 자신에게도 유익할 수 있습니다.

그러나 이러한 의견이 설득력을 지니지 못하는 경우도 있습니다. 부부가 완전히 마음이 틀어져서 더 이상 한 공간에 있는 것이 불가능하고, 사소한 다툼을 반복하면서 계속해서 서로 상처만 주고받는다면 자녀에게도 영향을 미칩니다. 그런 상황은 자녀에게 짐이 될 뿐만 아니라 큰 상처를 주지요. 그런 경우에는 부모가 이혼을 하는 것이 오히려 자녀를 위한 결정일 수 있습니다.

그러나 이혼을 하더라도 좋은 모습으로 헤어지는 것이 중요합니다. 어떤 이들은 이혼한 후에도 좋은 친구로 지내면서 자녀에 대한 각자의 책임을 훌륭하게 수행합니다. 그들은 계속해서 자녀에 대한 자신의 책임을 다하고자 하는 것이지요. 또 어떤 부부들은 떨어져 살면서 오히려 같이 살 때보다 서로를 더욱 깊이 이해하게 되기도 합니다. 중요한 것은 서로를 위한 결정, 그리고 주위 사람들을 위한 결정이 무엇인지 숙고한 후에 내려야 한다는 것입니다.

직장에서의 결정

회사에서 관리자의 위치에 있는 사람들 중에는 끊임없이 결정을 내려야 하는 자신의 상황을 버겁게 느끼는 이들이 많습니다. 부하 직원들은 제안서를 이렇게 써도 되는지, 고객의 불만을 어떻게 처리해야 하는지 등을 그들에게 묻습니다. 게다가 이런 경우의 대부분은 관리자가 오래 생각할 시간도 없습니다. 부하 직원이 신속하게 결정을 내려 달라고 요청하기 때문이지요. 따라서 이런 상황에 놓인 관리자들은 큰 부담을 느끼며, 자신의 결정이 적절치 못했다고 판명될 경우 그에 따른 결과들을 책임져야 한다는 두려움까지 느끼게 됩니다.

심지어 오늘날엔 대출을 거부하는 은행원들이 갈수록 늘어나고 있습니다. 대출금을 상환받지 못할 경우 자신이 지게 될 책임에 대한 두려움이 그러한 상황을 부추길 때가 많지요. 그런 두려움으로 인해 그들은 더 이상 대출을 결정하지 않게 됩니다. 아니면 그들은 대출을 조건으로 더 큰 담보를 요구합니다. 그런 경우에는 담보가 될 만한 것이 없어 대출을 받지 못하는 회사들도 많이 생기지요. 신의와 신용은 더 이상 대출 조건으로 쳐주지도 않습니다. 대출을 결정하기 전에 확실한 담보를 원하는 은행원은 아마도 자신에게 오는 대부분의 대출을 거절할 것입니다. 그러나 그 은행원의 결정은 대출을 원하는 회사뿐만 아니라 자신의 직장에도 손해를 입히고, 나아가 경제를 마비시키는 결과를 초래할지도 모릅니다.

저 역시 오랫동안 수도원의 살림을 맡은 재무 책임자로 지내면서 결정을 내려야 하는 상황을 늘 마주해야 했습니다. 언젠가 수도원에서 공사를 해야 했던 적이 있지요. 저는 우선 수도원의 건축 위원회와 당면한 공사에 관한 논의를 했습니다. 저는 대체로 건축 전문가인 수사들의 의견대로 따랐는데, 대부분의 경우에는 수사들 의견이 일치했습니다. 그러나 때로는 그들 사이에 의견 충돌이 생기기도 했는데, 이럴 때는 제각기 나름대로의 이유를 들어 자기 의견을 내세웠지요. 회의를 해도 명확한 결론에 도달하지 못하는 경우에, 결정권은 저에게 주어졌습니다. 그러나 저도 제 마음대로 결정을 내릴 수는 없었지요. 저는 전문가인 수사들이 내놓은 의견들을 주의 깊게 검토하고 그중에 가장 설득력 있어 보이는 의견을 선택했습니다. 결정을 내릴 때마다 항상 모든 논거를 이성적으로 파악하는 것은 불가능합니다. 저는 그런 경우에 즉흥적으로 판단을 내리는 편이지요.

모든 사항을 건축 위원회에서 결정할 수 있는 것도 아닙니다. 공사를 하다 보면 수많은 문제들이 발생하기 때문이지요. 전기 기술자는 배전함이나 콘센트를 어디에 설치해야 하는지 제게 묻습니다. 그럼 저는 어디에 설치하는 것이 좋겠냐고 그에게 되묻지요. 그런데 때로는 기술자도 확실한 대답을 피하며 제가 신속한 결정을 내려 주기만을 바랄 때도 있습니다.

만약 사소한 문제들까지 모두 건축 위원회에서 결정하려고 한다면 공사 기간만 쓸데없이 늘어나게 될 것입니다. 물론 제가 내린 결정들을 비판하는 수사들도 있겠지요. 그런 경우 어떤 이유에서 내린 결정인지 설명하는 일은 저의 책임입니다.

저는 일단 결정을 내리면 그대로 실행하려고 하지만, 저의 결정에서 잘못된 부분이 드러나면 그 결정을 수정합니다. 기술자들은 분명한 결정을 해 주기를 원하므로, 저는 그들이 내놓은 의견들을 경청하고 평가함으로써 확실한 결정을 내려야 합니다. 하지만 때로는 제 주관적인 느낌에 따라 즉흥적으로 결정하기도 하지요. 동료 수사들이나 직원들은 그러한 저의 행동을 권위적이라 여기지 않으며, 오히려 문제 해결에 도움을 준다고 생각합니다. 그들은 혹시 결정이 미뤄져서 자신의 일에 지장을 받게 되는 상황을 결코 바라지 않기 때문이지요.

제가 만난 사람들 중에는 압박감 속에서 끊임없이 결정을 내려야 한다고 하소연하는 관리자들이 종종 있었습니다. 그들은 결정하기 전에 즉흥적인 느낌을 살필 겨를도 없는 경우가 많다고 말했습니다. 예를 들면 부하 직원이 갑자기 전화를 걸어 와서 신속한 결정을 내려 주길 바랄 때가 있는데, 그런 경우 오래 생각할 시간도 없이 바로 결정을 내려야만 한다는 것입니다. 그럴 때면 그는 자신이 결정에 어려움을 느끼는 부하 직원들을 대신해서 결정을 내리고 있다는 인상을 지울 수 없다고 했습니다. 그러나 그것 또한 관리자의 임무라 할 수 있습니다. 관리자는 자신이 책임을 떠맡았다는 사실을 인식해야 하지요.

회사에서는 좋은 결정을 하기 위해 부서원들이 수많은 회의를 합니다. 그런데 많은 의견만 오갈 뿐 정작 결정은 미뤄지는 경우가 많기 때문에 회의에 아쉬움을 느끼는 직원들도 많지요. 그와는 달리 회의를 시작하면서 회의에서 도출되어야 하는 목표를 미리 공표하고, 짧은 시간 내에 회의를 마쳐야 하는 경우도 있습니다. 그런 경우 관리자는 시간이 부족하다는 느낌을 받을 수 있습니다. 회의 말미에, 이미 앞서 제시된 결론을 이끌어 내야 한다는 부담감이 있지만, 그 결론을 이끌어 내기 위한 토론의 시간이 부족하기 때문입니다.

제가 있던 수도원의 아빠스는 독일의 자동차 회사인 다임러 벤츠사의 임직원들을 위한 '지도자 연수'에서 참가자들과 대화를 나누었던 적이 있습니다. 직원들은 아빠스에게 수도원의 수도자들이 어떤 방식으로 결정을 내리는지 물었습니다. 아빠스는 중대한 사안들은 수도원 총회에서 결정된다고 대답했습니다. 그런데 의견을 모아야 하는 총회에서 그저 표 대결만 이뤄질 것 같은 느낌이 들면 표결을 미루고 일주일 뒤에 총회를 다시 소집한다고 했지요. 그 사이에 몇 가지 쟁점들은 해명되고, 수사들은 사안에 대해 조용히 숙고할 시간을 갖게 된다고 덧붙였습니다. 그 시간 동안 지난 총회 때 일어났던 격한 감정들은 수그러들고, 다시 소집된 총회에서는 더 원활하게 결정이 이루어진다고 말했습니다.

만약 표 대결만 하게 된다면 투표에서 진 수사들의 자발적인 참여는 이끌어 내지 못할 것입니다. 그들은 자신들의 의견이 반영되지 못했다고 여기기 때문에 결정된 사항을 마지못해 따라가겠지요. 따라서 회의의 분위기를 섬세하게 파악하는 기지機智가 필요합니다. 또한 결정에 대한 압박감이 너무 크면 유익한 결정이 도출되지 못하는 경우도 많습니다.

회사 내 부서들이 유익한 결정을 내릴 수 있으려면 좋은 여건이 마련되어 있어야 합니다. 예를 들면 결정해야 할 중대한 사안들이 토론하기에 앞서 미리 공표되어야 한다거나, 부서에서 토론이 이뤄진 후에는 부서원 각자가 생각할 시간을 가진 다음 의견을 모아야 한다는 것 등이 그에 해당하지요.

첫 회의에서는 부서원들이 모든 가능성을 열어 두고 토의하며 사안을 숙지하는 시간을 갖습니다. 그런 다음 결론을 도출하기 위한 2차 회의는 이틀쯤 지난 뒤 열도록 합니다. 그동안 모든 부서원들은 자기 내면의 소리에 귀를 기울일 수 있습니다. 분명한 판단을 내리기 위해서는 이성적인 논거들만으로는 부족하기 때문에 자신의 느낌 또한 중요하기 마련입니다. 때로는 마음에서 무엇을 바라는지 세심히 살펴야 하는 것이지요. 새로운 사실들을 알아내고 부서원들의 분위기를 살피며 내면의 눈으로 여러 가지 가능성을 검토하기 위해서는 어느 정도 시간이 필요합니다.

관리자는 때때로 부서의 결정을 핑계로 삼기도 합니다. 부서원들이 그러한 결정을 내렸기 때문에 그에 관해 더 이상 논의할 수 없다는 식이지요. 그런데 그 결정이라는 것이 가끔 이상한 방식으로 이뤄지는 경우가 종종 있습니다. 다시 말해 객관적인 이유보다는 전략적인 이유에서 부서의 결정이 내려지는 경우가 있다는 것이지요. 예를 들면 부서 내의 특정한 세력이 다른 세력과의 알력 다툼으로 인해 어떤 결정을 내릴 수 있습니다. 이런 경우에는 부서 내의 세력 다툼이 부서의 결정에 지대한 영향을 끼치는 것입니다. 또는 부서원 개개인이 부서장의 눈에 들고 승진하기 위해 회사의 이익과는 상관없이 관리자의 결정을 지지하는 경우도 있습니다. 그러한 까닭에 부서의 결정은 오로지 부서원들이 자신의 결정에 대해 책임을 질 때에만 유익하게 내려질 수 있습니다. 따라서 부서원 개개인은 부서의 결정을 내릴 때에도 자기 혼자 책임을 진다는 마음가짐으로 결정에 임해야 합니다.

일상에서의 결정

우리는 일상에서 끊임없이 결정을 내려야 합니다. 예를 들면 자녀가 부모에게 밤에 친구들과 놀다 와도 되는지 묻는 경우를 생각해 봅시다. 자녀는 부모가 바로 대답해 주기를 원합니다. 만약 부모가 생각해 본다면서 대답을 미룬다면 자녀는 더 이상 부모의 허락을 구하지 않고 자기 스스로 결정해 버릴지도 모릅니다. 왜냐하면 자녀가 생각하기에 별것도 아닌 일을 오랜 시간 기다려서 허락을 받아야 한다는 것이 짜증 날 테니까요.

이처럼 일상의 구체적인 사안들에 대해 서로에게 유익하고 신속한 결정을 내리려면 우리가 어떻게 타협하고 어떻게 의견을 일치시켜야 하는지 이야기해 보고자 합니다.

결정하는 일은 잠에서 깨어날 때부터 시작됩니다. 우리는 자명종이 울릴 때 바로 일어날 것인지 아니면 조금 더 누워 있을 것인지 선택해야 하지요. 일어났다면, 이제 어떤 옷을 입을지 결정해야 합니다. 수사들은 늘 수도복을 입기 때문에 고민하지 않겠지만, 대부분의 사람들은 그날 어떤 옷을 입을지 결정하느라 때로는 오랜 시간과 많은 에너지를 소비하기도 합니다.

결정하는 일은 아침 식사를 하면서도 계속됩니다. 많은 이들이 별생각 없이 매일 같은 음식을 먹습니다. 그러나 어떤 이들은 오늘은 무엇을 먹을지, 차와 커피 중에서는 무엇을 마실지 고민합니다. 여기서 우리는 의식이나 좋은 습관이 에너지를 아끼게 해 준다는 사실을 알 수 있습니다. 아침 식사가 의식처럼 자리 잡아 늘 같은 음식만 먹는다면 무엇을 먹을까 고민하고 결정할 필요도 없겠지요. 그로써 우리는 다른 일에 더 집중할 수 있는 에너지를 가지고 하루를 시작하게 될 것입니다.

집안일을 할 때에도 결정하는 일은 계속됩니다. 주부들은 오늘 어떤 음식을 준비할지, 장을 볼 때 무엇을 사야 할지 곰곰이 생각합니다. 또한 청소와 장 보는 일 중에 무엇을 먼저 해야 할지 따져 보지요. 그들은 오늘 무슨 일을 할지 그리고 그 일들을 어떤 순서로 처리할지 결정해야 합니다.

이처럼 우리의 일상에는 습관적인 일들과 결정해야 하는 일들이 서로 뒤섞여 있습니다. 만약 일상이 습관적인 일들로 가득 차 있다면 그 일상은 갈수록 공허한 것이 되고 말 것입니다. 반대로 일상이 결정해야 할 일들로 똑같이 가득 차 있다면 그 일상은 매우 고달픈 것이 되고 말겠지요. 그러므로 에너지를 아끼게 만드는 습관적인 일들과 결정해야 하는 일들이 늘 조화를 이뤄야 합니다.

일상의 사소한 일을 결정하는 데도 어려움을 느끼는 이들이 있습니다. 그들은 결정하는 데에 많은 에너지를 소비하지요. 예를 들면 아는 사람의 집을 방문할 때 어떤 옷을 입고 어떤 선물을 해야 할지를 두고 지나치게 오랫동안 고민합니다. 그러한 숙고가 그들의 생각과 마음을 마비시킵니다. 결국은 자신의 느낌을 믿지 않게 되며, 자신이 입은 옷이나 들고 간 선물에 대해 상대방이 어떤 생각을 할지 끝없이 걱정합니다. 또한 상대방이 자신의 선물을 보잘것없게 여기거나 자신을 인색하다고 평가하지 않을까 노심초사합니다. 그런 생각들은 많은 에너지를 허비하게 만들지요.

그러나 상대방이 어떤 생각을 할지 크게 염려하지 않고 잠시 생각을 멈춘 채 자신의 느낌을 믿는다면 우리의 에너지는 훨씬 덜 소모될 것입니다. 그리고 그런 경우에 우리는 더 올바른 결정을 내릴 수 있습니다. 그것은 우리가 만날 사람에게 지나친 영향을 받아 내린 결정이 아니라, 자기 자신의 고유한 결정이라 할 수 있기 때문입니다.

우리는 종종 친구들에게 저녁 식사나 모임 등에 초대받기도 합니다. 그런데 그런 초대에 응하겠다고 결정하는 일에 스트레스를 느끼기도 합니다. 초대에 응하고자 하는 욕구와 걱정 사이에서 갈등을 느낍니다. 머릿속에 떠오른 많은 생각 때문에 매우 혼란스러워하지요. '거기 가면 무슨 말을 해야 할까? 거기서 어떤 일을 겪을지, 친구들이 나를 어떻게 대할지, 어떤 사람들이 올지, 내가 그 사람들과 어울릴 수 있을지 난 아무것도 모르잖아.'

이처럼 초대를 받고 이것저것 생각하느라 많은 에너지를 소비합니다. 어떤 이들은 누군가를 찾아가고 싶지만 상대방이 자신의 방문을 기쁘게 생각하지 않을까 걱정합니다. 그들은 이렇게 생각하지요. '그는 바쁠지도 몰라. 아니면 몸이 안 좋을 수도 있고. 또 자기 문제에 관해 나와 말하기 싫을지도 모르지.'

언젠가 한 여성이 저의 강연을 듣고 싶다는 내용의 편지를 써서 저에게 보낸 적이 있었습니다. 그런데 막상 제가 그녀의 집 근처에서 강연을 했을 때는 오지 않았습니다. 저는 그녀의 마음이 어땠을지 헤아려 보았습니다. 아마도 그녀는 갈등을 느꼈을 것입니다. 저의 강연을 듣고 강연 후에 저와 대화도 나누고 싶었지만 다른 한편으로는 걱정에 사로잡혔겠지요. 사람들로 꽉 찬 성당의 분위기를 감당할 수 있을지 걱정하기 시작하자, 저를 꼭 만나야 할까 하는 생각까지 들었을 것입니다. 좋지 않은 인상을 받을지도 모르고, 저를 만났을 때 자신이 하고 싶었던 말을 잊을지도 모르며, 자신이 어리석은 말이나 행동을 할지도 모른다고 생각했겠지요. 그렇게 그녀는 여러 가지 생각을 하느라 많은 시간을 허비한 나머지, 결국 강연회에 참석하지 않기로 결정했을 것입니다. 하지만 그 결정은 자유로운 상태에서 내려진 것이 아니어서, 그녀는 자신의 결정에 대해 스스로를 질책했을 것입니다.

이처럼 자신감이 부족한 사람들은 일상의 사소한 일들을, 그들의 마음을 온종일 뒤흔드는 중요한 사건으로 부풀립니다. 지금 살펴본 사례에서 잠시 동안만이라도 차분하게 자리에 앉아 초대에 응할지 생각했더라면 더 좋은 결과가 있었을 것입니다. 하지만 이는 그녀뿐만 아니라 누구에게서나 찾을 수 있는 모습입니다.

누구든지 자신의 느낌에 따라 결정을 내렸다면 그 결정을 번복하거나 더 이상 뒤돌아보지 말아야 합니다. 다시 말해 어떤 일이 벌어질까 미리 걱정하지 말고 그냥 초대에 응하거나, 초대에 응하지 않기로 마음먹었다면 이미 내린 결정에 대해 자신을 질책하지 말아야 합니다.

어떤 이들은 사소한 결정을 쉽고 가벼운 일로 여기지 못합니다. 객관적으로 볼 때 그다지 중요한 결정들이 아님에도 불구하고, 그들은 그것들을 중요한 사건으로 여긴 나머지 일주일 내내 그 일에 매달리느라 많은 에너지를 소모합니다.

어떤 이들은 병원에 가야겠다고 생각하면서도 언제 가는 것이 좋을지 고민하느라 결정을 내리지 못합니다. 일상은 우리에게 많은 결정을 요구합니다. 일상의 결정들을 능숙하게 내릴 수 있다면 우리는 많은 에너지를 절약할 수 있습니다. 그와는 반대로 사소한 결정들을 엄청나게 큰 일로 확대 해석하여 힘을 소진시킨 다면, 삶이 더 팍팍해질 수도 있습니다.

두려움이나 다른 이들의 반응 등 여러 가지 요인이 결정하는 일을 어렵게 만들 수 있습니다. 그러나 자신의 불확실한 마음 때문에 결정을 내리기 어려운 사람들이 있습니다. 자신이 무엇을 원하는지 알지 못하는 사람들이지요. 그들은 사소한 결정을 내릴 때에도 불분명한 자신의 마음과 마주하게 됩니다. 그럴 때 다음과 같은 근본적인 질문들에 관해 고민해 봐야 합니다. '내가 인생에서 이루고자 하는 것은 무엇일까? 나는 어떻게 살아야 할까? 무엇이 내게 도움이 될까? 내 인생의 의미는 무엇일까?'

사람들이 일상의 여러 가지 사소한 결정과 관련된 고민들을 털어놓을 때면 저는 이렇게 조언해 줍니다. "잠시 당신의 마음에 귀를 기울이세요. 당신은 강연에 참석하거나 다른 사람을 만나거나 낯선 사람의 초대에 응할 마음이 있나요? 끌리는 느낌이 들고 참석하고 싶은 마음이 든다면 그렇게 하기로 결심하고 실행에 옮기세요. 그리고 그 결정에 대해 더 이상 의심을 품지 마세요."

'다른 사람들이 어떻게 생각할까? 어떤 일들이 벌어질까?' 하는 생각들이 자신을 불안하게 만든다면 그 생각을 당장 멈춰야 합니다. 그런 생각은 언제나 우리를 앞으로 나아가지 못하게 만들고 쳇바퀴 속에 가둬 버리지요. 너무 걱정돼서 초대에 응하지 않기로 결심했다면 우리는 그 결심을 번복하지 말아야 하고 자신이 너무 소심하다고 자책하지도 말아야 합니다. 우리가 어떤 결정을 내렸다면 그저 그 결정에 따라야 하는 것이지요.

그런데도 자신을 질책하는 마음이 든다면, 다음에는 그 마음을 두려움이나 의심 때문이 아니라 마음에서 원하는 대로 결정하게 되는 계기로 삼으면 됩니다. 그럴 때 우리는 두려움이나 의심이 결정을 내리는 용기를 가로막고 있었음을 깨달을 수 있습니다.

자신이 쉽게 결정을 내리지 못한다고 스스로를 비난해서도 안 됩니다. 그 대신 결정하기를 어려워하는 자신의 약점을 받아들여야 하지요. 자신의 약점을 알고 있다고 해서 다음에는 어떻게 결정해야 할까 미리 지나치게 걱정할 필요도 없습니다. 자신의 마음에 귀를 기울이고 마음에 떠오르는 첫 느낌에 따라 결정하면 되기 때문이지요. 결정한 이후에는 그에 대해 더 이상 생각하지 말고 자신의 결정에 대해 의문을 제기하는 생각들이 머릿속에 들어오지 않도록 해야 합니다.

우리가 누군가의 초대에 응하겠다고 결정하는 것은 옳고 그름과는 전혀 상관이 없습니다. 중요한 것은 자신이 내린 결정에 대해 책임을 지겠다는 태도이지요. 그런 태도를 지닐 때에만 우리가 내린 결정이 자신에게 유익한 결정이 되고 그 결정을 통해 경험을 쌓게 됩니다. 설사 우리가 어려운 일들을 겪게 될지라도 그런 경험은 유익한 일이 될 것입니다. 그리고 스스로 그런 결정을 내린 것이 잘한 일이라고 깨닫게 될 것입니다.

생명과 관련된 결정

영화 〈애즈 잇 이즈 인 헤븐〉으로 상을 받았던 스웨덴의 영화감독 케이 폴락은 《기쁨을 선택하라 Für die Freude entscheiden》라는 책을 저술했습니다. 저는 그의 생각에 모두 동의하지는 않지만, 그래도 우리가 삶을 바라보는 중요한 시각을 제시했다고 생각합니다. 그는 사람의 생각이 기분뿐만 아니라 몸에도 영향을 끼친다고 주장했습니다. 우리가 슬픈 일에만 마음을 쓰면, 그 결과가 몸에서도 드러난다는 것입니다.

우리는 자신의 머릿속에 떠오르는 생각을 막을 수는 없습니다. 그러나 부정적인 생각들이 우리 안에서 활개를 치도록 놔둘지의 여부는 우리가 선택할 수 있습니다. 여기서 중요한 점은 부정적인 감정들을 마음 밖으로 몰아내는 일이 아닙니다. 그런 경우에는 늘 좋은 감정만 지녀야 한다는 심리적 압박감이 생기기 때문입니다. 슬픔과 두려움, 분노, 의심은 우리가 느끼는 감정의 일부로, 그것들을 억압해서는 안 됩니다. 그런데도 우리가 부정적인 생각이나 감정에 좌우되는 것은 우리의 선택에 달려 있습니다. 우리는 스스로에게 긍정적인 영향을 끼치는 생각들만 하겠다고 결심할 수 있습니다. 심지어 마음의 부정적인 표상들에 맞서는 생각들과 관념들을 의식적으로 선택할 수도 있지요.

고대의 수도승들도 우리의 마음에 떠오르는 생각들에 대해서는 우리에게 책임이 없다고 말했습니다. 생각은 우리의 의지와는 상관없이 그냥 떠오르는 것이니까요. 그러나 그 생각들을 어떻게 다루는지에 대해서는 우리에게 책임이 있습니다. 우리는 생각을 억누를 수 있지만 그저 억누르기만 한다면 그 생각은 우리 안에서 다시 떠오르게 됩니다. 자신의 생각을 분명히 바라보고 인정하되 의도적으로 그 생각과 거리를 두는 것이 더욱 현명한 방법이라 할 수 있습니다.

직장 동료에게 화가 난 상황을 예로 들어 봅시다. 자신이 몹시 화가 났다는 것은 인정하지만, 그 생각이 자신을 지배하게 놔두지는 않는 것이지요. 자신을 화나게 하는 그 동료에 대한 생각을 내려놓고 더 이상 그에 관해 생각하지 않겠다고 결심하는 것입니다. 그 결심은 더 이상 그 일에 마음을 쓰지 않을 것이며 자신의 감정이 그에 의해 좌우되도록 놔두지도 않을 것이라는 다짐입니다. 그것이 부정적인 감정에서 스스로를 해방시키는 첫 번째 방법입니다.

두 번째 방법은 직장 동료를 다른 시각으로 바라보려고 노력하는 것입니다. 분노의 안경을 쓰고 그를 바라보면 그에게서 부정적인 모습만을 보게 됩니다. 그러나 한 번쯤 다른 안경을 쓰고 그를 바라보겠다고 마음먹을 수도 있지요. 그럴 때에는 그에게서 예전에 보지 못한 다른 모습들을 발견하게 될 것입니다. 예전에는 불쾌하다고 느꼈던 그의 행동이 다른 사람들의 인정과 사랑을 갈구하는 마음에서 비롯된 것임을 알게 될 수 있지요. 이와 같이 그를 새롭게 바라보려는 시도가 부정적인 감정에서 스스로를 벗어나게 해 줍니다.

어떤 시각을 선택할지는 우리에게 달려 있지만, 그렇다고 해서 우리가 자신의 시각을 자유자재로 선택하는 것은 쉬운 일이 아닙니다. 우리는 언제나 실상을 분명하게 바라보고 실상을 왜곡하지 않도록 주의해야 합니다. 다시 말하지만, 가장 중요한 것은 늘 좋은 감정만 지녀야 한다는 심리적 압박감에서 벗어나는 것입니다.

케이 폴락은 "나는 내 생각들을 통해 나 자신을 창조해 나간다."라고 했는데, 이 말은 자기 마음대로 생각해도 좋다는 의미가 아니라, 우리가 자기 자신에 대해 상상하는 대로 자유롭게 자신을 만들어 갈 수 있음을 의미하는 것입니다. 그러면서도 우리의 생각은 언제나 현실에 바탕을 두어야 합니다. 자기 자신을 어떤 눈으로 바라볼지 결정하는 것은 자신이지만, 그렇다고 해서 자신이 보는 것을 자기 마음대로 생각해서는 안 됩니다. 그런 경우 우리는 쉽게 가상 세계에 빠지게 되기 때문이지요.

폴락은 "내가 마음의 평화와 기쁨, 행복을 느끼는 것은 전적으로 내가 자유롭게 선택할 수 있다."라며 우리가 스스로의 행복을 선택할 수 있다고 말합니다. 우리가 자기 자신과 자신의 삶, 그리고 다른 이들을 바라보는 방식이 우리의 감정에 결정적인 영향을 끼친다는 점은 분명합니다. 그리고 우리가 긍정적인 시선과 부정적인 시선 중에 하나를 선택하는 것은 결과에 다른 영향을 미치게 됩니다.

다른 한편으로 내면의 부정적인 감정들을 성급하게 몰아내지 않는 것도 중요합니다. 부정적인 감정들 또한 우리에 관해 무엇인가를 알려 주기 때문입니다. 게다가 그 감정들은 쉽게 사라지지 않지요. 우리는 그저 부정적인 감정들을 없애겠다고 결심할 것이 아니라 그 감정들을 들여다볼 줄 알아야 합니다. 우리가 그 감정들과 친숙해지고, 그를 통해 드러나는 깊은 내면의 욕구들을 인식한다면, 오히려 그 감정들에서 벗어날 수 있습니다. 마음에 떠오르는 모든 생각과 느낌을 평가하지 않고, 오로지 그 결정의 순간에 몰두할 때에만 우리는 부정적인 생각과 감정에서 벗어날 수 있기 때문이지요. 그리고 그것이 바로 생명과 기쁨을 선택하는 것이라 할 수 있습니다.

우리가 어떤 마음가짐으로 인생길을 걸어갈 것인지는 전적으로 우리에게 달려 있습니다. 따라서 우리가 자연의 아름다움이나 음악의 아름다움, 인간의 아름다움에 열린 마음을 갖는다면 우리 안에서 기쁨이 솟아오를 것입니다. 그와 반대로 우리의 마음에 불쾌감이 가득 차게 만들 수도 있지요. 그런 경우 우리는 모든 것이 참을 수 없게 느껴질 것입니다. 하지만 그것은 우리의 느낌일 뿐, 실제로 참을 수 없을 만한 일은 아닙니다. 우리가 그런 부정적인 시각을 선택했기 때문에 그렇게 느껴질 뿐이지요.

대부분의 경우, 생명과 기쁨을 선택할지 아니면 그 반대를 선택할지에 대한 결정권은 전적으로 스스로에게 달려 있습니다. 아무리 복잡한 상황에서라도 우리는 현실을 외면하지 말아야 합니다. 현실을 외면할 때 다른 한편으로는 결코 이루지 못할 일을 기대하게 됩니다. 저는 긍정적인 생각만 갖는다면 모든 일이 잘될 것이라고 기대하는 사람들을 종종 봤습니다. 그러나 안타깝게도 그들의 기대는 수포로 돌아가는 경우가 많지요. 그들 대부분은 긍정적인 생각만을 내세움으로써 현실을 받아들이려 하지 않기 때문입니다.

이처럼 우리는 긍정적인 생각 속으로 도피할 수도 있습니다. 따라서 우리는 있는 그대로의 현실과 우리가 파악한 현실을 구별할 수 있어야 합니다. 우리가 현실을 어떻게 파악할지는 대부분 우리의 시각에 달려 있지만, 우리의 시각을 통해 마음대로 현실을 왜곡할 수 있는 것은 아닙니다. 우리는 현실에 대처할 자세를 갖춰야 합니다. 그렇지 않으면 어느 순간 현실과 동떨어진 사고 체계를 지니게 되고, 그로 말미암아 급기야 현실 감각까지 잃어버릴 수 있습니다. 우리가 문득 고통에 가득 차서 눈을 뜨게 되어, 지금까지 스스로를 속였다는 것을 깨닫는 그때까지 현실을 마주하려 하지 않는 것이지요. 모든 것을 장밋빛으로만 바라본 나머지 결국 삶의 현실을 비껴가게 되는 것입니다.

어떤 사업가가 제게 자신의 무의식 속에 확고한 의지를 깊이 새기기만 하면 계획한 모든 일이 틀림없이 이뤄질 것이라고 말했습니다. 곧이어 그는 자신의 능력으로 감당하기 힘든 사업 계획을 추진한 나머지 파산 직전에 놓여 있다는 말을 덧붙였지요. 그래서 저는 오히려 그에게 막무가내로 잘될 거라는 생각에서 벗어나라고 조언했습니다. 자신이 늘 성공할 것이라고 되뇌는 대신 현실을 있는 그대로 바라보고 실제적인 방안들을 마련해야 한다고 말이지요. 그러나 그는 여전히 자신의 무의식 속에 확고한 의지를 깊이 새기지 못했기 때문에 자신이 실패한 것이라고 말했습니다. 자신이 긍정적인 사고방식을 제대로 지니지 못했기 때문이라는 것이었지요. 그러나 그는 그저 자신이 내린 결정에 대해 책임지기를 거부하고, 그에 대한 책임을 방법에 전가하고 있는 것입니다.

어떤 여교사는 제게 매일 불안한 마음으로 학교에 출근한다는 이야기를 털어놓았습니다. 그녀는 동료 교사들과 교장이 자신을 좋아하지 않는다고 느꼈습니다. 자신을 대하는 주변 사람들의 태도에서 상처를 받았던 것이지요. 학교에 출근해서 학생들을 가르치려면 많은 에너지가 필요했는데, 혼자라는 느낌 때문에 그녀는 매우 힘들었지요. 그러나 그녀가 어떤 마음으로 학교에 출근할지는 전적으로 그녀의 결심에 달려 있습니다.

베네딕토 성인은 수도원의 재무 담당자는 자기 영혼을 늘 주의 깊게 돌봐야 한다고 충고했습니다. 재무 담당자는 주변에 의지하기 힘든 직책이기 때문이지요. 그와 마찬가지로 이 사례에 나오는 여교사도 자신이 어떤 관점과 어떤 생각을 갖고 출근할 것인지 자신의 마음에 주의를 기울여야 합니다. 그녀가 상황 자체를 바꿀 수는 없겠지만, 지금까지와는 다른 마음가짐으로 학교에 출근할 수 있을 것입니다.

다음과 같이 상상해 보는 것도 도움이 될 수 있습니다. '나는 평온한 마음으로 학교에 출근할 거야. 다른 이들로 인해 흔들리거나 그들의 뜻에 좌지우지되지 않을 거야. 그리고 그들을 친절하게 대해야지. 그들이 나의 모습에 어떤 반응을 보일지 너무 신경 쓰지 않고, 그들이 내게 답례하지 않더라도 실망하지 않겠어.'

또는 이렇게 생각해 보는 것도 도움이 될 것입니다. '학교에 출근하기 전에 학생들과 동료 교사들을 축복해야지. 나는 손을 들어 그들을 축복하면서 하느님의 축복이 나의 손을 통해 학생들과 동료 교사들에게 쏟아져 내리는 모습을 상상해야지. 내 축복을 통해 긍정적인 에너지가 학교로 흘러들어 갈 거야. 그리고 그렇게 대응함으로써 나도 새로운 마음가짐으로 학교에 들어갈 수 있을 거야. 나는 나를 거부하는 동료들이 아니라 나의 축복을 받은 동료들에게 가는 것뿐이니까. 나는 그들을 예전과는 다른 눈으로 바라보고 그들에게서 다른 모습을 발견하게 될 거야.'

그런데 이러한 마음가짐으로 학교에 출근할 수 있으려면 결심

뿐만 아니라 훈련도 필요합니다. 우리는 그저 외적인 상황 때문에 의기소침하기보다는 힘든 상황을 자신이 성장하는 기회로 삼을 수도 있습니다.

저는 상담을 하면서 모든 일이 힘겹다고 하소연하는 사람들을 수도 없이 많이 만났습니다. 그들은 외로움을 느끼며 다른 사람들이 자신의 진가를 알아주지 않는다고 이야기했지요. 그들은 자신의 일에서 성공을 거두지도 못했고, 동료들과의 관계도 좋지 않았습니다. 그들의 결혼 생활 또한 기대했던 것만큼 순조롭지는 않았지요.

그런 그들에게 "당신의 마음에 생명을 주는 행동을 선택하세요!"라고 쉽게 말할 수는 없습니다. 그 대신에 그들의 입장에서 생각해 보면, 저는 그들이 삶에 대해 특별한 관념들을 갖고 있음을 종종 발견합니다. 그들은 자신의 관념이 현실과 동떨어진 것임을 깨닫게 될 때, 예를 들면 자신의 모습이 스스로 원했던 것만큼 매력적이지 못함을 느끼거나, 어떤 일에서 기대했던 것만큼 성공하지 못했을 때 우울감을 느낍니다.

자신이 매력적인 모습을 지니게 된다거나 자신의 분야에서 성공을 이루게 된다는 꿈은 그저 결심하는 것만으로 이룰 수 없습니다. 하지만 예를 든 상황에서도 우리는 생명을 선택할 수 있지요.

다시 말해 우리는 자신의 작은 변화나 자신이 이룬 작은 성공에 만족하고, 무엇인가를 이뤘다는 것에 대해 기뻐할 수 있는 것입니다.

우리는 삶에 대한 환상을 떨쳐 버려야 합니다. 그런 환상에서 벗어날 때 우리는 다음과 같이 자문하게 됩니다. '나의 삶을 다른 눈으로 바라볼 수는 없을까? 나는 나의 삶에 대해서, 하느님이 내게 주신 선물에 대해서, 나와 대화를 나누고 나를 지지하는 사람들에 대해서 감사하고 있는가?'

우리는 "난 오늘부터 모든 것을 긍정적으로 생각할 거야."라고 쉽게 말할 수 없습니다. 그런 말은 많은 것을 자신에게 유리한 쪽으로만 해석하는 태도를 초래할 수도 있지요. 하지만 우리는 자신의 삶을 다른 눈으로 바라보려고 노력할 수 있습니다. 신앙도 궁극적으로는 우리가 자신의 삶을 바라보는 시각이라고 할 수 있습니다. 신앙은 우리가 질병이나 경제적인 어려움, 그 밖의 여러 가지 문제들로 인한 고통스러운 상황에서 다음과 같은 질문을 할 수 있도록 도와줍니다.

'이러한 고통을 통해 하느님께서 내게 말씀하시려는 것은 무엇일까? 이런 상황이 나를 모든 일에서 하느님과 연결되어 있음을 느끼게 하는 영성적 차원으로 나를 이끌어 줄까? 이 외적인 혼돈

상태가 내 안에 있는 내적인 공간으로 들어가게 만드는 기회이지 않을까? 그렇다면 나는 그곳에서 나 자신과 하나 되고, 내 안에 거처하시는 하느님 덕분에 치유받고 온전해질 거야.'

외적인 상황은 우리가 고를 수 있는 것이 아닙니다. 그리고 긍정적인 생각을 갖는다고 해서 우리가 무조건 외적인 성공이나 건강을 얻을 수 있는 것도 아닙니다. 그런데도 우리의 시각을 점검해 볼 필요는 있습니다. 우리는 긍정적인 생각을 갖기보다는 우리의 상황을 다른 눈으로 바라볼 수 있는 방법을 찾아야 합니다. 우리의 상황을 다른 눈으로 바라볼 때 비로소 우리는 그 상황에 맞게 대처할 수 있습니다. 그럴 때 우리는 어려운 상황에서도 자유롭고 평온한 마음을 지닐 수 있지요.

예수회원인 카를 라너 신부는 우리에게 주어진 상황과 그리스도인으로서 이성에 기반한 자유로운 선택 사이에 생기는 긴장 관계를 신학적으로 설명했습니다. 그의 설명에 따르면, 사람은 자연의 일부인 동시에 인격체입니다. 자연은 인간의 몸이나 생활 형태, 교육, 환경 등 인간의 자유로운 결정에 앞서 주어져 있는 것들을 의미하지요.

인격체라는 말은 사람이 자신을 마음대로 다룰 수 있으며, 자신에게 주어진 상황에 어떤 대처를 하고 무언가를 선택할 수 있다는 것을 의미합니다. 결정을 내릴 때마다 우리는 자신이 자연의 일부인 동시에 인격체라는 사실을 염두에 둬야 합니다. 우리가 내린 결정으로 현실을 좌지우지할 수는 없지만, 우리에게 주어진 상황에 다른 의미를 부여할 수는 있습니다. 우리에게 주어진 현실에 대한 책임이 없지만, 현실에서 무엇을 만들어 내고 어떻게 대처하며 어떤 형태를 부여할 것인가에 대해서는 우리 각자에게 책임이 있습니다.

우리는 주어진 여건을 견뎌 내기만 하려고 해서는 안 됩니다. 주어진 상황에 다른 의미를 부여하는 사람들이 되어야 하는 것이지요. 또한 우리는 주어진 현실에 대해 매우 특정한 견해를 가질 수 있으므로, 우리는 이를 통해 현실을 새롭게 체험할 수 있습니다. 다시 말해 우리는 자유인으로서 현실에 적극적으로 대처해야 하는 것이지요. 주어진 상황에 어떤 의미와 어떤 견해를 부여할지는 우리의 선택에 달려 있습니다.

신앙에 근거해서 생명을 선택하는 일이 구체적으로 어떤 모습을 띠는지는 시편을 보면 잘 알 수 있습니다. 시편에는 우리 삶의 상황들이 묘사되어 있습니다. 그러나 그러한 상황들을 묘사하는 데 그치지 않고 신앙에 근거한 새로운 시각으로 그 상황들을 보려는 시도를 보여 줍니다. 그 때문에 시편은 우리 삶의 상황들을 새롭게 다루고 있지요.

시편에는 이러한 구절이 나옵니다. "내 비록 고생길을 걸을지라도 당신은 이 몸을 살려 두시고 당신 손을 펴시어, 원수의 분노 막으시고 당신 오른손으로 나를 구하여 주시나이다."(《시편과 아가》 시편 138,7) 시편 저자는 자신이 곤경에 처했으며 원수들의 분노가 자기를 둘러싸고 있다고 느꼈습니다. 그가 처한 곤경은 부인하거나 긍정적인 사고를 한다고 해서 해결할 수 있는 것도 아니었지요. 그럼에도 그는 믿음을 선택합니다. 우리도 그러한 곤경 속에서 믿음을 선택할 수 있습니다. 다시 말해 우리는 하느님이 나를 살리시고 당신 손을 내게 뻗치시며, 곤경 속에서도 내가 하느님의 손 안에 있음을 믿을 수 있습니다. 그런 믿음을 통해 우리는 자신의 곤궁함을 불평하지 않고 또한 장밋빛으로만 앞을 바라보지도 않게 됩니다. 나아가 우리는 믿는 마음으로 자신이 처한 곤경에 맞서고, 곤경 중에도 하느님의 두 팔이 자신을 지탱해 주실 것을 확신합니다.

이러한 말이 듣기는 좋지만 받아들이기는 어렵다고 말하는 이들도 있습니다. 시편 저자와 같은 시각을 가져 보는 것도 선택에 속한 일이라 할 수 있지요. 그런 경우 중요한 것은 자신이 하느님의 손길을 느끼는지 여부가 아닙니다. 믿음이란 무엇이 어떠하다는 것을 받아들이는 것을 의미하기 때문이지요. 달리 말하자면, 믿음이란 어떤 것이 옳다고 여기고 행동하는 것입니다. 이러한 믿음을 선택함으로써 우리는 자신이 처한 곤경을 새롭게 체험합니다.

함께 내리는 결정

결정하는 일은 매우 개인적인 영역이라 할 수 있지만 여러 명이 함께 결정을 내려야 하는 경우도 있습니다. 예를 들면 가족들과 여름 휴가를 어떻게 보내야 할지, 가사 분담은 어떻게 할지 등은 가족 구성원들이 함께 결정합니다. 수도원에서도 공동으로 결정을 내릴 때가 있습니다. 수도원의 원로들로 구성된 평의회에서는 수도원의 생활과 관련된 여러 가지 문제를 결정하는데, 특히 중대한 사안들은 수도원 총회에서 결정합니다. 회사에서도 대부분의 결정을 내릴 때 여러 안건들을 논의하고 공동으로 결정하지요.

이 모든 결정에서 중요한 것은 어떤 방식으로 함께 결정을 내릴지 그리고 어떻게 하면 더 유익한 결정을 내릴 수 있을지 하는 것입니다.

함께 내리는 결정을 공동 결정이라고 하는데, 이러한 모습을 이냐시오 데 로욜라 성인을 중심으로 모인 소공동체에서 시행했던 결정 과정에서 잘 볼 수 있습니다. 성인과 그의 동료들은 계속해서 공동체를 유지하길 원하는지 또한 그를 위해 규칙을 제정하고 준수하길 원하는지에 관해 논의했습니다. 그렇게 하지 않으면 그들의 공동체는 곧 해체될 위험에 처해 있었기 때문이었지요. 그 상황에서 그들은 석 달 동안 시간을 두고 공동체를 유지할지에 관해 논의하고 기도하기로 결의했습니다. 그들은 수도회를 설립할지 아니면 그저 함께 일하기만 할 것인지를 결정하기로 논의한 것입니다.

하지만 오늘날에는 중대한 결정을 내리기 위해 석 달이나 유예 기간을 두는 단체는 거의 없지요. 모든 일을 훨씬 신속하게 진행하려고 하기 때문입니다. 그런데도 이냐시오 성인과 동료들이 시행했던 결정 방식은 좋은 본보기가 될 수 있습니다. 그들은 매일 저녁에 모임을 갖고 각자가 하루를 보내는 동안, 결정해야 할 사항이라고 느낀 문제에 대한 찬성과 반대의 이유를 말하고 다른 동료의 의견을 경청했습니다. 그들은 찬성과 반대 의견을 놓고 토론하지는 않았고, 다른 사람이 말할 때에는 듣기만 했습니다. 모두의 말을 다 듣고 난 다음에 비로소 그들은 서로의 생각을 나누었는데, 이때에는 각자가 들은 내용을 바탕으로 자신의 관점에서 자신이 생각하기에 가장 좋은 선택이 무엇인지 말했습니다. 그런 방식으로 그들은 자신들의 미래에 관해 서서히 의견의 일치를 이루어 갔습니다.

오늘날에는 결정을 내리기 위한 시간이 부족한 경우가 많습니다. 그런 까닭에 어느 공동체든 어느 회사든 만장일치라는 이상적인 결의 방식을 따를 수 없지요. 그럼에도 중대한 결정을 억지로 내리거나, 시간에 쫓겨 서둘러 내리게 된다면 진정한 의미의 공동생활이 이뤄질 수 없습니다. 또한 그들 가운데 많은 이들이 결정 과정에서 자신의 의견이 무시되고 진지하게 받아들여지지 않았다고 여기기 때문에 구성원들은 그런 방식으로 이뤄진 결정에 만족감을 느끼기 어렵습니다.

결정 과정의 첫 단계에서는 가정이나 단체, 회사의 모든 구성원들이 자신의 의견을 말하되 각자의 의견에 대해 곧바로 논쟁하지 않는 것이 중요합니다. 이 단계에서는 다른 이의 의견을 경청하는 가운데 자신의 생각을 뒤돌아보는 과정이 필요합니다. 이때 우리는 자신의 느낌과 논거를 다른 이의 의견과 비교하되, 그 의견에 토를 달지 말아야 합니다.

또한 이냐시오 성인의 동료들이 사용했던 방법으로, 결정해야 할 사안을 염두에 두고 잠자리에 드는 것도 도움이 될 것입니다. 잠잘 때 우리는 마음 깊은 곳에 이르게 되고, 종종 그곳에서 우리에게 정말 유익한 결정이 무엇인지 명확히 알게 되기도 하지요. 그러한 깨달음은 이성적인 논거들뿐만 아니라 마음의 표상에 바탕을 둔 것이라 할 수 있습니다. 무엇이 공동체에 유익한지 우리의 마음이 이성보다 더 잘 아는 경우가 많기 때문이지요.

이냐시오 데 로욜라 성인에 앞서 베네딕토 성인은 자신이 쓴 수도회의 규칙서에서 공동 결정에 관한 사항을 다루었습니다. 그러나 이 《베네딕도 수도 규칙》에는 공동체 구성원들의 결정보다는 아빠스의 결정에 관한 내용이 담겨 있는데, 아빠스는 결정할 때 수사들의 조언을 고려하라고 권고합니다.

베네딕토 성인은 다음과 같이 권고했습니다. "수도원 안에 중요한 일이 있을 때마다 아빠스는 공동체 전체를 소집하여, 그 일을 자기가 직접 제안해야 한다. 그는 형제들의 의견을 듣고 깊이 검토한 후에 더 유익하다고 판단되는 바를 행할 것이다. 모든 형제들을 회의에 소집하라고 하는 이유는, 주께서 때때로 더 좋은 의견을 젊은 사람에게 밝혀 주시기 때문이다."(《베네딕도 수도 규칙》 3,1-3) 베네딕토 성인은 나이 어린 수사들도 빠짐없이 결정에 참여해야 한다는 점을 기본으로 삼았습니다. 지혜는 다른 사람보다 원로들에게서 구해야 한다는 의식이 팽배해 있던 당시로서는 획기적인 생각이었지요.

베네딕토 성인은 그리스도 예수님이 개인의 명망과는 상관없이 모든 이를 통해, 곧 경험이 없는 젊은이들을 통해서도 말씀하신다고 생각한 것입니다. 이러한 생각은 우리가 익숙하지 않은 또 다른 의논 방식에 대해 숙고하게 만듭니다. 우리는 다른 이의 의견에 어떻게 반대할 수 있을까를 생각하기보다는 다른 이를 통해 그리스도 예수님이 몸소 하시려는 말씀에 귀를 기울여야 합니다. 그분의 뜻은 전혀 다른 데에 있을지도 모릅니다. 예수님은 얼핏 엉뚱하게 들리는 바로 그 의견을 통해 익숙한 편견에서 우리를 해방시키실 수 있습니다.

베네딕토 성인은 항상 아빠스가 결정을 내려야 한다고 생각했습니다. 그리고 예수님이 수사들의 입을 빌어 몸소 말씀하신다고 생각했기 때문에 아빠스는 수사들의 의견을 들어야 할 책무가 있다고 여겼습니다. 따라서 아빠스는 자신의 마음에서 하느님의 목소리를 들으려 해야 할 뿐만 아니라 수사들의 의견에 열린 마음으로 귀를 기울임으로써 그분의 목소리를 알아들어야 합니다. 이를 위해서는 자신의 의견을 관철하려 하지 않고 참되게 하느님의 뜻을 찾는 겸손한 마음가짐이 필요합니다.

오늘날 베네딕도회에서는 규칙서의 내용을 글자 그대로 따르는 대신 언제나 표결을 통해 결정을 내리며, 일단 결정이 내려지면 아빠스도 그에 따라야 합니다. 어쨌든 결정을 내리는 일에서 중요한 것은 우리가 베네딕토 성인의 방식을 따르느냐 아니면 이냐시오 성인의 방식을 따르느냐 하는 것이 아닙니다. 그보다는 우리 스스로가 공동체에 적합한 협의와 공동 결정 문화를 발전시켜 나가야 한다는 것이지요.

일반적으로 집단에는 총체적인 책임자가 있어야 합니다. 책임자는 구성원들이 서로 의견을 나눈 후에 결정을 내릴 시점을 정확히 인식하는 직감력을 지녀야 합니다. 매우 다양한 의견들이 있었고 모든 논의가 충분히 이뤄졌으며 이제 함께 나아갈 방향이 정해졌다는 느낌이 든다면 책임자는 구성원들에게 다음과 같이 물을 수 있습니다. "여러분은 결정할 준비가 되었나요? 아니면 더 논의할 시간이 더 필요합니까?" 이제 결정하겠다고 구성원들이 동의한다면, 그는 결정할 사안을 명백한 질문 형태로 표현함으로써 표결이 이뤄질 수 있도록 해야 합니다.

이 과정에서 책임자가 구성원 개개인의 결정을 평가해서는 안 됩니다. 다수가 찬성표를 던졌다면 그는 찬성 의견을 공동의 결정으로 받아들이되 반대 의견을 평가할 필요는 없습니다. 구성원 각자에게는 자신이 원하는 대로 결정할 자유가 있으며, 각 개인의 의견은 존중되어야 하지요. 결정을 강요받는 사람이 있어서도 안 되며, 반대 의견을 낸 사람들이 양심의 가책을 느끼게 만들어서도 안 됩니다. 그들 역시 자기 양심에 따라 결정한 것이기 때문에 아무도 그들을 비난해서는 안 되는 것이지요. 그들의 반대표도 다른 이들의 찬성표와 마찬가지로 똑같이 중요합니다. 이렇게 결정이 내려질 때에만 우리는 표결로 나온 결정을 공동 결정으로 받아들일 수 있습니다.

책임자는 결정 결과를 구성원 모두에게 공지해야 합니다. 또한 반대 의견을 냈던 구성원들도 포용함으로써 그들도 결정을 따르게 만들어야 합니다.

부서의 구성원들은 자신들에게 결정권이 있는지 아니면 그저 조언할 권리만 있는지 정확히 알고 있어야 합니다. 부서원들이 어렵게 결정을 내렸는데도 결정 사항이 시행되지 않거나 결정권을 지닌 사람들이 자기 부서의 결정 사항을 무시한다면 그들은 좌절할 수밖에 없지요. 만약 그런 일이 발생한다면 부서원들은 진지하게 해결책을 찾으려는 노력을 기울이지 않게 될 것입니다. 그러나 부서원들이 그들 회의의 결과가 이사회에 제출할 제안일 뿐이며 이사회가 그 제안을 따르지 않아도 된다는 점을 처음부터 알았다면 회의의 분위기는 크게 달라졌을 것입니다. 결국 각 부서와 부서원이 지닌 역할을 인정해 주지 않으면 유익한 결정을 이끌어 내기가 어려워지게 되지요.

많은 정치인들이 이러한 실수를 자주 보여 줍니다. 자신의 부족한 부분을 보완하기 위한 방편으로 자문 기구를 두고서는 직접적으로 이용하지 않는 것이 대표적인 모습이라 할 수 있지요. 정치인들은 경제나 윤리에 관한 자문 위원회를 두고 있다는 점을 내세워 자신의 부족한 부분을 미화하지만, 정작 자문 위원회에서 매년 제시하는 제안은 자신의 정책을 옳다고 지지해 주는 부분만을 받아들입니다. 그리고 다른 제안은 무시하지요. 그들은 자문 위원회와 진지하게 의견을 나누기보다는 위원회의 의견을 무시하기 일쑤입니다. 정치인들은 자문 위원회를 설치했지만, 그들의 자문 의견을 무시한 채 자신의 정치적 성향에 따라 정책 방향을 결정하는 것이지요. 이는 성숙하지 못한 태도라 할 수 있습니다.

그런 면에서 정치인들은 안타깝게도 좋지 못한 본보기를 보여 왔지만, 그 모습을 따르는 이들도 많습니다. 심지어 기업들조차도 자문 위원회를 두고 자신들의 뜻에 맞는 자문 내용만을 취사선택합니다. 이런 방식으로는 결코 현명하고 획기적인 결정을 내릴 수 없는 것은 불 보듯 뻔한 사실이지요.

양심의 결정

무엇보다 윤리 신학자들 사이에서 끊임없이 논란이 되고 있는 주제는 양심의 결정에 관한 것입니다. 우리는 법 규범이나 교회의 가르침에 따라서 결정을 내려야 할까요? 아니면 자신의 양심에 따라서 결정을 내려야 할까요?

《성경》에서 '양심'이란 개념은 바오로 사도가 쓴 서간에서 처음 나옵니다. 바오로 사도는 훌륭한 양심을 지니고, 다른 사람의 양심을 해치지 말아야 한다고 이야기하지요. 또한 사도는 스토아 철학의 전통을 받아들여, 양심이란 사람이 지닌 내적인 규범이라고 이해했습니다. 《성경》은 양심을 사람의 마음과 관련지음으로써 철학적인 개념을 그리스도교적인 개념으로 만들었습니다. 사람은 훌륭하고 깨끗한 양심을 지녀야 하며, 자신의 가장 내면에 있는 본성에 따라 일생을 살아야 한다는 것입니다.

중세 시대 도미니코회 수사이자 교회 학자였던 토마스 아퀴나스 성인은 사람을 인격체로 보기 시작한 교회의 새로운 이해에 근거하여 양심에 관해 가르쳤습니다. 그는 일반적인 것이 최고의 가치를 지닌다는 그리스 철학의 가르침과는 달리 개개인의 인격체가 최고의 가치를 지닌다고 생각했습니다. 그런 견해는 양심에 관한 가르침에도 영향을 끼쳤지요. 인격체를 위한 최고의 판단 기준은 일반 규범이 아니라 그의 양심이라는 것입니다.

토마스 아퀴나스 성인은 양심이란 '지식을 구체적인 행동에 적용하는 것'이라 정의했습니다. 또한 여기서 말하는 지식은 그저 '피상적으로 아는 것이 아니라, 무엇이 올바른지를 파악하고 지켜야 할 일을 내적으로 통찰하는 것'이라 여겼습니다. 그런 생각에서 토마스 아퀴나스 성인은 다음과 같은 결론을 이끌어 냈습니다. "통찰이 극복하기 어려운 실패의 위험성을 지니고 있다 하더라도 의지는 통찰한 내용을 따라야 한다. 그리스도인의 존엄성을 지키려 한다면 이것 이외에 다른 대안은 없다."

물론 사람은 하느님이 자연 속에 심어 놓으신 법칙을 깨닫기 위해 온 힘을 기울여야 합니다. 사람은 누구나 자신의 지식에 대한 책임이 있으며, 자신의 신념을 거슬러 행동할 것을 다른 사람에게 강요할 권리나 능력이 있는 재판장은 존재하지 않습니다. 심지어 하느님도 그렇게 하지 않으시지요.

양심은 근본적인 가치를 지니고 있기에 우리가 어떤 일을 할 때든지 자신의 양심을 따라도 됩니다. 그러면서도 우리는 자연

법적인 규범들과 국가와 교회가 제정한 규범들을 준수해야 하지요. 그러나 어떤 이들은 자신의 양심의 소리라고 우기며 주어진 규범들을 따르려고 하지 않습니다. 하지만 우리는 양심과 자신의 견해와 욕구를 잘 구분해야 합니다. 자신의 기분이나 개인적인 욕구에서 비롯된 결정을 양심에 따른 결정이라고 말해서는 안 된다는 것이지요. 마찬가지로 모든 개인적인 확신을 양심의 소리로 여길 수도 없습니다. 토마스 아퀴나스 성인도 개인이 자기 자신과 온전한 일치를 이루고 자신의 깊은 내면에 이르렀을 때에만 양심에 따라 결정을 내릴 수 있다고 생각했습니다.

양심의 자유를 주장했던 헨리 뉴먼 추기경은 영국 성공회의 성직자이자 신학자였다가 양심상의 이유로 가톨릭 교회로 개종했습니다. 성공회 신자들은 그를 맹렬히 비난했고 로마 교황청에서는 그를 의심의 눈으로 바라봤지요. 그가 종교와 교황을 위해 축배를 제안하며 했던 말은 아직도 회자되고 있습니다. "무엇보다 양심을 위하여! 그리고 교황을 위하여!" 가톨릭 교회의 여러 신학자들은 그의 축배 제안을 교황에 대한 모욕으로 여겼습니다. 그러나 카를 라너는 뉴먼 추기경의 축배 제안이 가톨릭 교회의 신앙에 부합하는 것이라고 옹호했습니다. 말하자면 우리는 결코 자기 양심을 다른 것보다 소홀하게 여겨서는 안 된다는 것입니다.

우리는 자기 양심을 통해 하느님 앞에 책임을 느끼고 그분의 부르심에 응답합니다. 인간이 하느님 앞에서 짊어지고 있는 개인적인 책임은, 자기보다 높은 권위를 지닌 사람을 포함하여 어느 누구도 대신 짊어질 수 없습니다. 우리가 누구에게 복종하든지 책임은 우리 스스로 짊어져야 하는 것이지요.

그러므로 우리는 결정을 내릴 때마다 양심의 소리에 귀를 기울여야 합니다. 이를 통해 하느님이 몸소 우리 마음에 말씀하시기 때문입니다. 우리는 하느님이 우리에게 선물하신 마음속 조언자를 신뢰해야 합니다. 교회의 전통에서는 이 조언자를 양심이라 부르며, '양심의 재능'과 '양심의 판결'로 구별하고 있습니다.

그리스어 쉰테레시스$συντήρησις$는 어떤 결정이 지닌 여러 가지 측면들을 살펴보는 것을 의미합니다. 그리고 이러한 재능은 모든 사람이 갖고 있는 것이지요. 우리 안에는 결정을 내릴 때 고려해야 할 모든 사항들을 종합적으로 판단하는 기관이 있습니다. 양심은 이 내적인 기관으로 우리를 이끌며, 우리는 이 기관에서 결정을 내리게 됩니다. 즉, 우리는 결정을 내릴 때마다 따라야 하는 내적인 진리를 양심을 통해 알고 있고, 우리의 결정으로 인해 영향을 받는 이들도 양심을 통해 알게 됩니다. 양심은 다른 사람에게 해가 되는 결정을 내리지 않도록 우리를 이끌고, 우리가 한 행동으로 인해 영향을 받게 되는 사람들과 우리를 미리 연결시켜 줍니다. 또한 양심을 통해 하느님과도 하나 될 수 있는데, 우리는 그분 앞에서 우리의 결정에 대한 책임을 져야 합니다.

상담을 하다 보면 극도로 양심적인 사람들을 종종 만나게 됩니다. 그들은 계속되는 양심의 가책으로 괴로워합니다. '양심의 가책'을 의미하는 독일어 '스크루펠 skrupel'은 날카롭고 뾰족한 돌을 뜻하는 라틴어 '스크루풀루스 scrúpŭlus'에서 유래된 단어입니다. 양심의 가책은 뾰족한 돌처럼 우리 마음속에 찌르는 듯한 아픔과 고통스러운 의심을 불러일으킵니다. 극도로 양심적인 사람은 모든 일에서 자신의 잘못을 찾으며 끊임없는 죄책감으로 괴로워합니다. 자신의 모든 행동을 죄라고 여기기 때문입니다.

양심의 가책을 지나치게 느끼는 사람은 신경증 환자라고도 할 수 있습니다. 어떤 정서적 체험을 극복하지 못하여 지나친 죄책감으로 드러나는 것이기 때문입니다. 또한 자신의 고유한 진실을 외면하고 살아왔다는 죄책감이 드러나는 것이기도 하지요. 그러한 큰 잘못에 대처할 용기를 내지 못하기 때문에 다람쥐 쳇바퀴 돌듯 자신의 잘못을 늘 작은 행동과 생각에서만 찾는 것입니다. 이처럼 끊임없이 자신의 잘못만 찾게 되면 자신의 본연의 모습에서 벗어난 삶을 살고 있다는 상실감, 자신의 삶이 무엇인가 잘못되었다는 깊은 공허감을 느끼게 됩니다.

지나친 죄책감에서 누군가를 해방시킨다는 것은 쉬운 일이 아닙니다. 그를 위해서는 먼저 죄책감을 불러일으킨 원인들을 제대로 살펴봐야 합니다. 대부분의 경우 심리 치료를 통해 그 원인들을 찾아낼 수 있으며 내담자가 자신의 진실을 바라보고 자신의 약한 모습을 받아들이도록 도울 수 있습니다.

저는 사랑하는 여러분에게 자신의 양심을 믿으라고 말하고 싶습니다. 양심은 최고의 규범이기 때문에 여러분은 자기 양심에 따라 결정을 내려도 됩니다. 하느님은 몸소 여러분에게 양심, 곧 무엇이 올바른지를 아는 직감력을 선물하셨기 때문이지요. 여러분이 죄에 대한 두려움이나 죄책감을 지나치게 느낀다면 전문가의 도움을 받는 것이 좋습니다. 그때에도 여러분은 자기 양심을 믿어야 합니다. 이는 여러분의 생각과 행동으로 인해 느끼게 되는 양심의 가책을 그냥 넘기라는 말이 아니라, 여러분의 내면에 있는 고유한 진실을 따르라는 말입니다.

양심은 여러분이 자신의 진실을 바라보도록 도와줄 것입니다. 여러분에게 유익한 것은 무엇이며, 피해야 할 것이 무엇인지 명확하게 말해 주는 건강한 양심이 있다면 그에 대해 감사해야 합니다.

 여러분이 살아가는 동안 언제나 양심이라는 진실을 통해 올바른 결정을 하길 바랍니다. 그리고 여러분의 결정이 여러분 자신뿐만 아니라 다른 이들을 위한 축복이 되기를 진심으로 기원합니다.

:: 맺음말 ::

매일 결정해야 하는
우리의 인생

    결정이란 주제는 우리 삶의 많은 부분과 관련이 있습니다. 저는 결정이란 주제에 관해 숙고하고 그에 관한 책들을 찾아 읽으면서, 이 주제가 성공적인 삶을 살아가는 데 얼마나 중요한 것인지 깨달았습니다.

    결정은 모든 사람들에게 해당하는 주제입니다. 우리 모두는 궁극적으로 자신의 삶에서 무엇을 이룰지, 외부의 자극에 어떻게 대응할지, 자신의 감정과 생각에 어떻게 반응할지, 자기 삶에 어떤 의미를 부여할지를 결정합니다. 매일같이 이러한 것들을 결정해야 하지요. 책을 마저 읽을지, 잔업을 더 할지, 미루던 연락을 할지 등 우리는 거의 매 순간 할 일을 결정해야 합니다.

일상적인 결정뿐만 아니라 인생을 바꿀 수 있는 중대한 결정도 내려야 하지요. 예를 들면 내년에는 어떤 계획을 세우고 싶은지, 어떤 삶을 살고 싶은지 등을 선택할 수 있습니다. 우리는 일생에 영향을 끼치고 미래를 좌우할 결정을 충분히 숙고한 후에 내리고 싶어 합니다. 이러한 결정에 우리 인생의 성공 여부가 달려 있기 때문이지요. 그래서 우리는 이러한 결정을 다른 결정을 할 때보다 더 큰 맥락에서 내리려고 합니다. 이때에는 지금 내리는 결정이 우리의 인생에 새로운 의미를 더해 줄 수 있다는 판단이 들 때에만 결정을 내립니다.

저는 결정이란 주제에 관해 숙고하고 그에 관한 책과 논문들을 읽으면서 이 주제가 우리 삶의 개별적인 결정들에 관한 것만을 다루는 것이 아니며, 사람이라는 존재 자체가 결정이라는 점을 더욱 분명하게 깨달았습니다. 사람은 하나의 인격체로서 하느님을 선택하거나 거부할지 또는 생명을 선택하거나 거부할지에 대해 평생에 걸쳐 결정해야 합니다. 결정하는 일과 관련이 없는 사람은 아무도 없으며, 결정하지 않으면 삶도 없지요.

결정이라는 의미를 지닌 독일어 이샤이단entscheidung은 나무토막이나 장작을 의미하는 샤이트scheit와 같은 어원을 가진 단어입니다. 이는 장작을 도끼질하면 두 조각으로 나뉘는 것처럼, 우리의 결정도 결정을 내리기 이전의 삶과 이후의 삶이 뚜렷하게 달라져야 한다는 것을 상징하는 것은 아닐까요?

《성경》의 창조 이야기에서도 '갈라놓음'에 대한 이야기를 전합니다. 창조는 하느님이 빛과 어둠을 가르시고 질서와 혼돈을 가르시며 물 한가운데 궁창을 두어, 궁창 위의 물과 궁창 아래의 물을 가르심으로써 시작되었습니다. 인간의 존엄성은 인간이 하느님의 창조 사업에 참여한다는 점에서 비롯된 것입니다. 그리고 그 창조 행위는 구별하고 결정하는 일이 포함됩니다. 인간은 결정을 통해 꼴을 갖춘 것과 꼴을 갖추지 못한 것, 의도한 것과 의도하지 않은 것, 밝은 것과 어두운 것을 구별합니다. 또한 인간은 결정을 통해 자신의 인격을 형성해 나갑니다. 그리하여 자기 자신에 대해 결정하면서 더 이상 어떤 욕구나 욕망에 좌우되지 않는 인격체로 점점 성장해 가지요. 결정은 인간의 자유뿐만 아니라, 인간이 지닌 존엄성과 관련이 있습니다.

결국 우리의 인생은 끊임없이 구별하고 결정하는 과정이라 할 수 있습니다. 우리는 마음속에서 선과 악, 옳은 것과 그른 것, 의식과 무의식, 밝음과 어두움을 구별하려고 하지만, 그것들을 완벽하게 가를 수는 없습니다. 그래도 우리는 끊임없이 구별하고 통합할 뿐만 아니라 결정해야 합니다. 그리고 결정한 내용을 명확히 수행함으로써 우리가 사는 목적을 잃지 말아야 합니다.

우리는 결정할수록 자신의 본성에 어울리는 본연의 순수한 모습이 점점 더 빛을 발하는 삶을 살 수 있습니다. 결정하는 일을 통해 우리는 하느님 창조 사업의 협조자가 되기 때문이지요. 하느님이 세상을 만드신 목적은 직접 당신의 모습을 본떠 만드신 인간에게 있습니다. 그런데 지금은 다른 사람들이 우리에게 씌운 투사나, 우리가 자신에 대해 갖고 있는 그릇된 환상으로 말미암아 하느님이 주신 우리의 본래 모습이 흐려져 있지요. 그러므로 우리는 스스로 결정을 내리며 우리가 지닌 하느님 본연의 모습을 갈수록 뚜렷하게 드러내야 합니다.

저는 여러분이 자신의 인생에 뚜렷한 방향을 제시하고 그것을 꽃피우는 결정을 내리기를, 아울러 여러분이 확신과 자유를 갖고, 자신의 내적인 목소리인 양심에 대한 신뢰를 바탕으로 결정을 내리기를 기원합니다. 여러분에게 이러한 신뢰가 있다면 여러분은 많은 힘을 들이거나 지나치게 고민하지 않아도 결정할 수 있게 될 것이고, 일단 내린 결정은 뒤돌아보지 않게 될 것입니다. 또한 결정의 과정을 통해 자기 자신과 자신의 인생에 대한 책임을 질 수 있는 힘을 얻을 것입니다. 그리고 나아가 자신의 삶을 통해 자신의 내적인 본성에 상응하고, 자신과 다른 이들을 위한 축복이 되는 삶을 살게 될 것입니다. 이것이 우리가 생명을 선택하는 길이고, 또한 그러한 삶을 살기를 바라시는 하느님의 부르심에 대한 응답입니다.

기도문

결정을 도와주는
기도

> 삶이 무미건조하다고 느껴질 때

생명을 선택하게 하소서

저를 창조하신 하느님,
저는 제 삶이 만족스럽지 않습니다.
그래서 지금까지 모든 일을 방치하며
무미건조하게 살았습니다.

하지만 앞으로는 책임지지 않으려는 태도를 버리고
생명을 선택하고 싶습니다.
제가 매일 새롭게 생명을 선택할 수 있도록
저에게 성령을 보내 주소서.
생명을 선택하려는 제가 주변 상황이나
다른 이들의 뜻에 따르는 삶을 살지 않고,
제가 원하는 대로 살도록 도와주소서.
이제 생명을 선택할 수 있도록 저에게 용기를 주시어
다른 이들이 제 문제를 해결해 주기만을 바랄 것이 아니라,
제가 스스로 삶을 책임지도록 도와주소서.

그리하여 제 삶이 축복받은 삶이 되고
매 순간 죽음과 틀에 박힌 수동적인 삶을 거부하고
제 자신이 다른 이들을 위한 축복이 될 수 있도록
새롭게 생명을 선택하게 하소서.
아멘.

자신이 피해자로 느껴질 때

지금 시작하는 저의 일에 강복하소서

저희를 구원하신 예수님,
저는 제 자신을 피해자로 여긴 적이 너무 많습니다.
남들이 저를 이해하지 못하고,
무시한다고 불평했습니다.
이제는 제 삶이 남들의 칭찬이나 거절에
좌우되는 듯한 생각이 듭니다.
제 자신이 남들의 반응에 매달리는 것 같아
때때로 화가 나기도 합니다.
앞으로는 피해자의 역할에 머무르지 않고
저의 의지에 따라 살고 싶습니다.
저에게 힘과 용기를 주시어 피해자의 역할에서 벗어나
스스로 저의 삶을 책임질 수 있게 하소서.

때로는 피해자의 역할이 편할 때도 있었습니다.
제가 어려운 처지에 있게 된 탓을
남들에게 돌릴 수 있기 때문입니다.

하지만 그렇게 함으로써 제 자신이 충만한 삶을
살지 못하게 된다는 것을 마음속 깊이 알고 있습니다.
예수님, 당신께서 "일어나 한가운데에 서라."라고
말씀하신 것처럼 제가 저의 삶에 대처할
용기를 갖도록 힘을 주소서.
저에게도 "손을 뻗어라." 하고 말씀하소서.
저도 당신의 힘으로 손을 뻗어
제 스스로 삶을 책임지겠나이다.
지금 시작하는 저의 모든 일에 강복하시어
저의 손으로 하는 일이 모든 이에게
축복을 가져오게 하소서.
아멘.

> 불평하고픈 마음이 들 때

기쁨을 선택하게 하소서

우리의 기쁨이신 예수님,
당신께서는 기쁨이 무엇인지
저희가 알아야 한다고 말씀하셨습니다.
그런데 제 눈에는 언제나 부정적인 일들만 보입니다.
그래서 저는 삶이 즐겁지가 않습니다.
저는 다른 사람들이 저에게 기쁨과 사랑을 주고,
저도 그들의 사랑과 호의에 기뻐하기를 원합니다.

당신께서는 슬픔 중에서도 기쁨을 선택하고 우는 가운데서도
웃음을 선택하는 길을 저에게 보여 주셨습니다.
저의 건강한 몸, 저를 도와주는 친구들, 자연의 아름다움 등
제가 감사하고 기뻐할 이유들은 충분합니다.
하지만 저는 기쁨을 받아들이려 하지 않습니다.
저는 언제나 저에게 슬픔을 주고 불평하게 만드는 것들을
찾으려 합니다.
주님, 제게는 당신의 이런 말씀이 필요합니다.

"생명과 기쁨을 선택하여라. 기쁨은 네 안에 있단다.
너의 의식 전체가 기쁨으로 물들 때까지
너의 마음 깊은 곳에서 흘러나오는 기쁨을
말과 행동 그리고 이웃과의 생활 안에서
점점 늘려 가는 일은 너에게 달려 있단다."

주님, 이미 제 안에 있는 기쁨을 저에게 일깨워 주시어
제가 매일같이 기쁨을 선택하게 하소서.
아멘.

결정한 후 후회나 미련이 생길 때

생각의 굴레에서 벗어나게 하소서

자비롭고 너그러우신 하느님,
결정을 내렸지만 제 마음은 여전히 불안합니다.
그래서 자꾸만 저의 결정이 정말 올바른 것이었는지
되돌아보게 됩니다.
저의 선택으로 인해 포기했던 것들이 못내 아쉽기도 하고,
너무 성급하게 결정을 내렸나 하는 생각도 듭니다.
하지만 결정을 되돌리겠다는 생각도
저의 불안을 해소하지는 못합니다.

솔직히 어찌해야 할지 잘 모르겠습니다.
제가 저의 결정을 확신하지 못하는 것 같습니다.
근본적으로 저는 결정을 내리지 못하는 것 같습니다.
선택의 결과들을 두고 끊임없이 저울질하기 때문에
생각의 굴레에서 벗어나지 못하고 있습니다.
제게 분별의 영을 보내 주시어,
제가 생각의 굴레에서 벗어나 제가 내릴 결정에

집중할 수 있게 하소서.

이제 저는 앞으로 내릴 결정에 온 힘을 쏟고 싶습니다.
하지만 결정을 고민하는 데에만 매달려
힘을 소진하는 바람에 정작 실행할 때에는
힘을 쓰지 못할 때가 너무도 많습니다.
또한 아직도 포기한 것들에 대한 집착에 얽매여 있습니다.
저를 자유롭게 하소서.
제가 선택한 길을 확신과 자유의 마음을 갖고
걸을 수 있게 도와주소서.
그리고 제가 가는 길을 강복하시어
저를 더 큰 생명력과 자유, 평화와 사랑으로 이끌어 주소서.
아멘.

> 다른 사람들에게 휘둘린다고 느낄 때

저의 능력을 신뢰하게 하소서

영원히 저와 함께하시는 하느님,
저는 종종 남들이 제 결정에 대해 어떤 반응을 보일까
두려워 결정을 내리지 못합니다.
그들은 제가 잘못된 결정을 내릴 때마다 저를 비난합니다.
"그 정도 일은 미리 예상했어야지.
어떻게 그런 결정을 내릴 수 있어?"
이제 저는 다른 사람들의 반응에 지나치게 신경을 쓴 나머지
더 이상 명확한 판단을 내릴 수가 없습니다.

당신의 성령을 보내시어 제 마음을 굳건하게 해 주소서.
저의 직감을 신뢰할 수 있도록 저의 영혼에
당신의 성령이 깃들게 하소서.
당신의 성령이 저의 영혼에 찾아들어
저의 결정 가운데에 함께하소서.

그때 비로소 저는 더 이상 다른 사람들의 반응에

흔들리지 않을 것입니다.
또한 다른 사람들과 대화할 때
그들이 저에게 무슨 말을 할까 두려워하지 않고,
자비로우신 당신과 대화를 나눌 것입니다.

그러니 저에게 당신의 능력과
당신이 주신 저의 능력을
신뢰하는 마음을 주시어
다른 사람들의 반응에 좌우되지 않고
다른 사람들의 반응을 신경 쓰지 않게 하소서.
저에게 용기를 주시는
우리 주 예수 그리스도를 통하여 기도드립니다.
아멘.

물건을 살 때

미련을 갖지 않게 하소서

저희에게 생명을 주신 예수님,
저는 새로운 차, 옷, 생활용품이 필요합니다.
하지만 당신께서도 아시다시피 저는 물건을 고를 때
너무 많은 고민을 합니다.
꼼꼼히 살펴보지만 무엇을 고를지 결정하지 못합니다.

제가 이리저리 복잡하게 따져 보지 않도록 도와주소서.
저를 직감에 눈뜨게 하시어 제가 사려는 내적인 원의를
알아채게 하시고, 쓸데없는 미련을 갖지 않게 하소서.

중풍 병자에게 "일어나 네 평상을 가지고 집으로 가거라."
하신 예수님의 말씀처럼 저도 벌떡 일어나
저의 의심을 옆구리에 끼고, 뒤돌아보지 않고
저의 길을 계속 가도록 도와주소서.
아멘.

누군가를 만날 때

다른 이를 만날 수 있는 힘을 주소서

자애로우신 성모님,
저는 누군가를 만나러 가는 것이 어렵습니다.
저의 방문이 그들에게 폐가 되지는 않을지,
그들이 저의 방문을 너무 갑작스럽다거나
성가시게 여기지는 않을지 걱정되기 때문입니다.
또한 저는 제가 다른 사람들을 찾아가는 일에
스스로 의미를 찾습니다.
저의 방문에 타당한 이유가 있어야 한다고
생각하기 때문입니다.
이러한 생각에 너무 많은 힘을 빼앗겨
누군가를 만나러 가고 싶은 마음이 사라지기도 합니다.

그러나 당신께서는 친척 엘리사벳을 방문하셨습니다.
당신께서는 혼자 길을 떠나 산을 넘으셨고,
다른 사람들의 시선은 아랑곳하지 않으셨습니다.
당신께서는 그저 당신의 길을 걸으셨고

당신의 내적인 욕구에 따르셨습니다.

성모님, 산 너머로 거침없이 길을 떠나셨던 당신을
제가 본받게 도와주소서.
제 안에 산더미처럼 쌓인 두려움과 염려가 사라져,
당신께서 엘리사벳을 만나셨을 때처럼
저도 다른 이들에게 진정으로 다가가
아름다운 만남을 가질 수 있도록 간구해 주소서.
아멘.

업무상 결정을 내릴 때

평온한 마음을 지니게 하소서

영원한 평화를 주시는 하느님,
저는 매일같이 업무와 관련된 많은 결정을 내려야 합니다.
저는 그저 모든 일이 순조롭게 진행되기만을 바랄 뿐입니다.
하지만 제가 결정을 내려야 할 때마다
다른 직원들이 보내는 시선에 부담을 느낄 때가 많습니다.
그래서 저는 끊임없이 결정을 내려야 하는 상황이
반갑지 않습니다.

좋으신 하느님,
당신의 성령으로 저를 채우시어 제가 성령의 힘으로
결정을 내리게 하시고,
지나친 염려로 인해
평정을 잃지 않도록 도와주소서.
저는 당신의 말씀이 모든 것을 가르는 쌍날칼임을 압니다.
저에게 당신의 거룩하고 날카로운 칼을 주시어
명확한 결정을 내릴 수 있도록 도와주소서.

저에게 당신 성령의 평온함을 주시어

저의 결정들을 자꾸 의심하지 않고

그 결정들을 평온하게 바라볼 수 있게 하소서.

당신의 성령으로 저의 삶이 한결 가벼워질 것을 믿나이다.

아멘.

갈등이 있을 때

저에게 용기를 북돋아 주소서

이 세상을 구원하신 예수님,
저는 누군가와 갈등이 생기는 것을 싫어합니다.
그래서 갈등을 억압하거나 무마하려 하거나,
때로는 저절로 해결되길 기다립니다.
그러나 저의 이런 태도가 오히려 문제 해결에는
도움이 되지 않는다는 것을 알고 있습니다.
당신께서는 대립을 두려워하지 않으셨습니다.
당신께서는 안식일에 병자를 고쳐 주시고
이에 대해 비난하는 바리사이들에게 홀로 맞서셨습니다.
당신께서는 하느님과의 교감을 통해 내린 결정에
확고한 믿음을 보이셨습니다.

예수 그리스도님, 저에게도 그러한 용기를 북돋아 주소서.
당신께서 도우신다는 것을 의식하는 가운데
제 자신을 돕고 저의 직관에 따라
결정할 용기를 내도록 저의 힘이 되어 주소서.

당신께서 제 편이 되어 주신다면 저도 힘을 낼 수 있습니다.

저에게는 당신께서 용기를 주시고 제 편을 들어 주신다는

믿음이 필요합니다.

당신께서 내면에 중심을 잃어버리지 않으시어

다른 이들의 기대로부터 자유로우셨던 것처럼

저에게도 제 안에 중심을 지키는 방법을 가르쳐 주소서.

당신의 내적인 자유와 용기를 저에게도 내려 주소서.

당신 도우심으로 말미암아 저도 당신께서 지니셨던

자유와 신뢰를 지닐 수 있음을 굳게 믿고 있나이다.

저의 형제이며, 저의 주님이 되어 주신

예수님께 감사드립니다.

아멘.

우정을 위한 기도

저희에게 유익한 길을 알려 주소서

저희의 목자이신 예수님,
당신께서는 저희를 친구로 불러 주셨습니다.
당신께서는 참된 친구라면 무엇이 친구의 마음을
움직이는지 안다고 말씀하셨습니다.
당신께서는 저희에게 당신의 마음속 생각들을
털어놓으셨을 뿐만 아니라 당신의 친구인 저희들을 위해
목숨까지 희생하셨습니다.

저는 우정을 갈망하면서도
누군가에게 친밀감과 공감을 느낀다는 것을
털어놓기가 두렵습니다.
그에게 거절당할까 봐 두려워서
차라리 제 마음을 말하지 않은 채 혼자서 고민만 했습니다.
하지만 제 마음은 기쁘지 않았습니다.
다른 이와 가까워졌음을 느낄 때
친구가 되자고 말할 수 있는 용기를 주소서.

그리고 그 우정이 모두에게 도움이 된다는 것을

굳게 믿을 수 있도록 도와주소서.

우정을 방해하고 해치는 의심에서 벗어나게 하소서.

그리고 강복하시어, 그 우정이 저희 두 사람을

좋은 길로 인도하고,

다른 이들에게도 축복이 되게 하소서.

아멘.

> 연인을 위한 기도

제게 사랑의 영을 보내 주소서

사랑이신 하느님,
저는 연인 관계를 갈망하면서도 한편으로는
그 관계를 피하려고 합니다.
누군가에게 호감을 느껴 데이트를 신청하고 싶다가도
그런 제안이 너무 성급한 것은 아닐까,
그 사람이 저의 제안을 불편하게 여기지는 않을까
염려되어 망설여집니다.
또한 거절당하지는 않을까,
그 사람과의 관계가 금방 끝나는 것은 아닐까,
그때 아픔이 너무 고통스러운 것은 아닐까 두렵기도 합니다.
저는 이별의 아픔을 다시 겪기보다는
차라리 혼자인 것이 낫다고 생각할 때도 있습니다.
그러나 그런 생각이 제 자신에게 도움이 되지 않는다는 것도
잘 알고 있습니다.

저에게 당신 사랑의 영, 곧 성령을 보내 주시어

성령의 인도로 제 안에서

샘솟는 사랑의 샘에 이르게 하소서.

설사 관계가 깨지더라도 제 안에 있는 사랑의 샘에서

저를 떼어 낼 수 있는 것은 아무것도 없음을 믿게 하소서.

한 사람에게 마음을 내어 줄 수 있는

굳은 믿음을 저에게 주소서.

그 사람에게 너무 많은 것을 바라지 않고,

그 사람에게 모든 책임을 돌리지 않도록

제 마음을 이끌어 주소서.

두 사람이 서로에게 열린 마음을 갖게 하시어

신의와 사랑 안에서 성장할 수 있게 도와주소서.

저희가 함께 걷는 길을 강복하시어

그 길을 걷는 저희 두 사람이 더 깊은 사랑과

생명력을 얻게 하소서.

아멘.

부부 사이의 결정을 내려야 할 때

저희에게 분별의 영을 보내 주소서

저희가 가야 할 길을 인도하시는 하느님,
저희는 뜨거운 사랑을 통해 부부의 연을 맺었습니다.
그러나 최근에 저희 사이가 멀어졌습니다.
저희는 더 이상 대화도 나누지 않고,
대화를 하려는 시도조차 하지 않습니다.
저희의 생활과 가정을 꾸려 가기 위해
꼭 필요한 결정조차도 미루고 있기에
서로에게 할 말은 점차 줄어들고 있습니다.
주변 사람들은 저희에게
처음처럼 다시 서로를 사랑해야 한다고 조언하지만,
어떻게 시작해야 할지 그저 막막하기만 합니다.

열린 마음으로 배우자에게 지금 우리의 상황에 관한 말을
꺼낼 수 있도록 용기를 주소서.
배우자에게 상처를 주지 않고 말할 수 있도록
저에게 당신의 지혜를 불어넣어 주소서.

저희가 서로를 이해하고 보듬는 대화를 할 수 있도록
도와주소서.
무엇보다 당신께서 지니신 분별과 신의의 영,
명백함과 진실의 영을 저희 부부에게 보내 주시어,
저희가 마음을 다잡고 저희의 길을
계속 함께 걸을 수 있도록 이끌어 주소서.
아멘.

> 가정에서 결정을 내릴 때

서로의 의견을 경청할 수 있게 하소서

저희의 기도에 귀 기울이시는 하느님,
저희 가정에는 언제 어떻게 집을 수리해야 할지,
여가와 휴가는 어떻게 보낼지에 관한 일처럼
결정해야 할 일들이 끊임없이 있습니다.
그런데 저희 가족은 함께 결정해야 할 일들에 관해
열린 마음으로 이야기하는 것을 어려워하고 있습니다.
저는 결정해야 할 일들을 가족들과 상의하고 싶지만,
가족들은 저에게 "마음대로 하세요."라고 말합니다.
그럴 때마다 저는 외롭다는 생각이 듭니다.
하지만 가족들은 제가 먼저 그들을 외롭게 했으며
결정해야 할 일에 관해 상의하지 않고
혼자 결정해 버리거나,
결정을 미룬 적이 많았었다고 말합니다.

저는 결정해야 할 일들이 끊이질 않는
저희의 일상을 당신께 맡겨드리고,

저희가 내린 결정들에 강복해 주시길 기도드립니다.

저희가 일상의 도전들을 쉽게 받아들일 수 있기 위해서는

어떻게 변해야 할지, 어떻게 문제를 해결해야 할지

가르쳐 주소서.

저희에게 서로의 이야기를 들으려는 마음을 주시어

저희가 서로에게 귀를 기울이고,

저희에게 유익한 길을 알려 주고자 하시는

당신의 목소리를 함께 따를 수 있도록 도와주소서.

아멘.

높은 직책을 맡게 되었을 때

당신께서 원하시는 것을
제가 알게 하소서

세상의 그 어떤 것보다 뛰어나신 하느님,
제가 더 높은 직책을 맡게 되었습니다.
제게는 영광스러운 일이지만 다른 한편으로
다른 이들을 이끄는 직책이 저에게 과분한 것은 아닐까,
제가 서툰 모습을 보이거나 실수하지는 않을까 두렵습니다.
또 그로 인해 가까운 사람들에게 소홀해질까 봐
걱정이 됩니다.

제 마음은 갈피를 잡지 못하고 있습니다.
다른 이들은 저에게 직책을 맡으라고 재촉하지만
저는 어찌해야 할지 모르겠습니다.
한편으로는 그냥 이대로 고민 없이 살고 싶기도 하지만,
다른 한편으로는 다른 사람들을 위해서
직책을 맡아야 한다는 책임감을 느끼기도 합니다.
그런데 그런 책임감이 공명심이나

자만심에 불과한 것이 아닐까 걱정도 됩니다.
또 제가 그 자리에서
겸손하지 않은 모습을 보일까 두렵습니다.

좋으신 하느님,
당신 분별의 영을 제게 보내 주시어 숙고하는 가운데
당신께서 제게 원하시는 바를 깨닫게 하소서.
당신께서 친히 저에게 말씀하시어 남들의 반응에
신경 쓰지 않고 결정을 내리는
분별과 확신을 제 안에 심어 주소서.
저와 함께하시어 저의 결정이
제 자신과 저의 주변 사람들을 위한
축복이 되게 하소서.
아멘.

> 모임에서 결정을 내릴 때

저희가 참된 것을 분별하도록
명확함의 영을 주소서

어둠 가운데 빛으로 오신 예수님,
당신께서는 제자들이 의견의 일치를 이루지 못해
다투는 것을 보셨고, 그들이 종종 당신께서
선포하신 복음을 이해하지 못하는 것을 직접 보셨습니다.
그런 까닭에 당신께서는 저희 모임의 상황도
잘 이해하시리라 생각합니다.
모두가 좋은 뜻으로 말하지만, 각자의 의견 뒤에는
자신의 생각을 관철시키려는 마음이 있습니다.
그로 인해 서로 화합하지 못하고,
자주 다투고 분열되는 모습이 있습니다.

이러한 저희 모임에 당신께서 화해의 성령을 보내 주시어
결정 과정에서 분열되지 않게 하시고,
분별의 성령을 보내시어
논의를 통해 모두가 명확함에 도달할 수 있게 해 주소서.

또한 자유의 성령을 보내 주시어

저희가 각자의 이익을 추구하려는

이기적인 마음에서 벗어나

참으로 모든 구성원의 행복을 위한

결정을 할 수 있게 도와주소서.

아멘.

양심의 결정을 위한 기도

당신께서 진정으로 바라시는 것을
찾게 하소서

공정하시고 정의로우신 하느님,

당신께서는 저의 모든 생각과 고민뿐만 아니라,

제 마음을 들여다보시고

제가 무엇을 원하는지 알고 계십니다.

지금 저는 갈피를 잡지 못하고 있습니다.

저는 제가 지켜야 할 당신의 계명을 알고 있습니다.

그러나 명확한 결정을 내리기 위해서는

계명만으로는 부족하다고 느낍니다.

당신께서 진정으로 바라시는 바가 중요하고,

제 결정의 영향을 받게 될 사람들과 제가

조화를 이루는 것이 중요하다고 생각합니다.

저의 모든 숙고, 곧 저의 의심과 고민을 당신께 바치오니,

마음 깊은 곳으로 저를 이끄시어 당신께서 지금 이 순간

바라시는 바를 깨닫게 하소서.
저의 결정이 외적인 규정에 어긋난다 할지라도,
또한 그로 인해 다른 이들이 저를 비난할지라도
당신의 뜻에 따라 결정을 내린다는 확신을
저에게 심어 주소서.

물론 양심에 따라 결정을 내린다고 해도
상처받을 수 있다는 것도 잘 알고 있습니다.
그러나 마음 깊은 곳에서 울리는 소리
곧 제 안의 가장 내적인 존재와 일치하는 소리를 듣고
결정을 내리는 용기와 확신을
저에게 심어 주소서.
아멘.

성소를 결정할 때

저에게 길을 보여 주소서

길이요 진리요 생명이신 예수님,
저는 인생의 갈림길에 서 있습니다.
영적인 삶을 살고 싶다는 강한 열망도 갖고 있지만
때로는 가정생활의 안온함과 부부애를 갈망하기도 합니다.
수도자의 길을 걷는 것을 떠올릴 때면 그런 생각이
저의 영적인 교만에서 나온 것은 아닌지,
당신의 진정한 부르심이 맞는지 자문하게 됩니다.
또한 결혼하고 세속의 직업을 갖는 모습을 떠올릴 때면
제가 그저 쉬운 길을 가고자 하는 것은 아닌지
숙고하게 됩니다.
저는 두 가지 길 모두를 의심하고 있고,
당신께서 제게 무엇을 바라시는지 확신이 들지 않습니다.
저는 당신께서 어떤 말씀을 하고 계신지 모르겠습니다.
그저 순간순간 드는 기분에 스스로 자신을
속이고 있는 것은 아닌지 의심이 갑니다.

저는 제 마음에 떠오르는 두 가지 길을 당신께 내맡기고,
모든 것을 당신의 뜻에 따르고자 합니다.
그러니 제가 어느 길을 가야 할지
저의 기도 안에서 알려 주소서.
결정을 내리고 하나의 길을 선택할 시간이 왔음을
식별하게 하소서.
기도와 묵상을 통해서도 어느 길을 택해야 할지
아직 뚜렷한 판단이 서지 않을 때는 인내심을 갖게 하소서.
제 결정이 무르익을 때까지 당신의 성령이 제 안에서
활동하게 하소서.
그리고 당신께서 저에게 알려 주신
가장 조화로운 길로 뛰어들어
그 길을 걷는 용기를 제가 가질 수 있도록,
저에게 당신의 축복을 내려 주소서.
아멘.

참고 문헌

《베네딕도 수도 규칙》, 분도출판사, 1991.

Johannes Gründel·Richard Heinzmann·Frany Wiedmann, *Das Gewissen. Subjektive Willkür oder oberste Norm?*, Düsseldorf, 1990.

Tomáš Halík, *Eine Macht über der Macht. Zu Guardinis Vision der Postmoderne*, In: 'zur debatte', 7/2010.

Hans Jellouschek, *Die Kunst, als Paar zu leben*, Stuttgart, 2005.

Hans Jonas, *Das Prinzip Verantwortung. Versuch einer Ethik für die technische Zivilisation*, Frankfurt am Main, 2003.

Carl Gustav Jung, *Mensch und Seele*, Olten, 1971.

Stefan Kiechle, *Sich entscheiden*, In: 'Ignatianische Impulse', Würzburg, 2004.

Urs Meier, *Du bist die Entscheidung. Schnell und entschlossen handeln*, Frankfurt am Main, 2008.

Johann Baptist Metz, *Entscheidung*, In: Heinrich Fries (Hg.), *"Handbuch theologischer Grundbegriffe I"*, Münichen, 1962.

Josef Pieper, *Traktat über die Klugheit*, Münichen, 1949.

Kay Pollak, *Für die Freude entscheiden. Gebrauchsanweisung für ein glückliches Leben*, Münichen, 2008.

Bernhard Waldmüller, *Gemeinsam entscheiden*, In: *'Ignatianische Impulse'*, Würzburg, 2008.

Ulrich Wickert, *Das Buch der Tugenden*, Hamburg, 1995.